당신이 행복했으면 좋겠습니다

하나님께서는 우리가 행복하게 사는 것을 원하신다는 사실을 늘 깨닫게 됩니다. 목회와 상담을 통해 상실의 고통으로 많이 힘들어하시는 분들을 만나곤 합니다. 교회는 나오지만 예수님 안에서 진정한 행복을 충분히 누리지 못하는 분들 또한 만났습니다. 그분들이 예수님 안에서 이전보다 더 힘차게 믿음생활하고 풍성한 행복을 누리는 데 도움이 되었으면 하고 기도했습니다. 평신도성장프로그램 전도서를 강의하면서 얻은 모티브를 통해 성도들이 더 풍성한 그리스도의 사랑과 예비하신 행복을 누리도록 돕고자 하여 이 책을 쓰게 되었습니다.

이 책은 다음과 같이 구성되어 있습니다. 1장에서는 하나님께서 우리에게 원하시는 것이 행복이라는 사실을 통해 우리를 향한 하나님의 기대를 살펴보았습니다. 좋으신 하나님에 대한 바른 인식, 그리고 그것을 믿음으로 받아들여야 함을 다루고 있습니다.

2장에서는 행복을 이루는 작은 요소들인 분명한 자기인지, 사랑, 기쁨, 감사에 대해 살펴보았습니다. 자신을 안다는 것은 자신의 기질과 성격 등을 정확하게 인지하는 것과 더불어 하나님 앞에서 나 자신이 누구인가를 살펴보는 것입니다. 또한 사랑과 기쁨과 감사가 삶을 풍성하게 채울 수 있는 방법들을 다룹니다.

우리가 이 땅에서 경험하는 상실과 고통의 문제를 어떻게 행복으로 승화시킬 것인가? 나의 성공이 과연 행복을 보장하는가? 성공이 행복이 되기 위해서는 어떻게 해야 할 것인가의 주제를 3장에서 다루고 있습니다.

4장에서는 우리가 말씀 안에서 훈련되고 변화되어야 함을 설명합니다. 내가 원한다고 행복이 오지는 않습니다. 말씀 속에서 훈련되고 변화할 때 더 높은 수준에 이르게 됩니다.

5장에서는 왜 예수님이 행복하신가를 살펴보면서 우리가 예수님처럼 산다는 것이 어떤 의미인지, 그리고 예수님의 행복을 이 땅에서 누릴 수 있는 방법들에 대해 나누고 있습니다.

● 오대희 지음

생명의말씀사

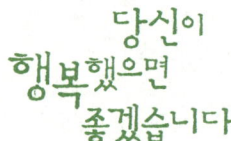

ⓒ 생명의말씀사 2011

2011년 5월 20일 1판 1쇄 발행
2011년 6월 28일 1판 2쇄 발행

펴 낸 이	김창영
펴 낸 곳	생명의말씀사
등 록	1962. 1. 10. No.300-1962-1
주 소	110-101 서울 종로구 송월동 32-43
전 화	(02)738-6555(본사), (02)3159-7979(영업부)
팩 스	(02)739-3824(본사), 080-022-8585(영업부)

| 지 은 이 | 오대희 |

기획편집	유선영, 임선희
디 자 인	조현진, 디자인채이
인 쇄	영진문원
제 본	정문바인텍

ISBN 978-89-04-15945-1 (03230)

저작권자의 허락없이 이 책의 일부 또는 전체를
무단 복제, 전재, 발췌하면 저작권법에 의해 처벌을 받습니다.

당신이
행복했으면
　　좋겠습니다

추천의 글

　행복을 원하신다면 이 책을 강력하게 추천합니다. 하나님께서는 사람의 진정한 행복을 위하여 모든 것을 주신 분입니다. 독생자이신 예수님을 조건 없이 우리를 위하여 내어 주셨습니다. 아름다운 지구도 누릴 수 있도록 우리 모두에게 주셨습니다. 하나님의 이끄심 가운데 우리 주위의 좋은 분들을 만나는 복도 허락해 주셨습니다. 진실로 하나님께서는 우리의 풍성한 삶을 예비하시고 그렇게 살 것을 기대하시는 분입니다.
　사실 수많은 사람들이 행복을 추구하고 있지만 각자 생각하고 추구하는 행복은 백인백색입니다. 이 책에서 오대희 목사님은 여러 사람을 만나고 도운 경륜과 안목을 알기 쉽게 풀어 놓았습니다. 이 책의 흐름을 따라가다 보면 우리 자신도 모르는 사이에 "아, 그렇구나!" 하는 공감과 탄성이 일어날 것입니다. 건강한 그리스도인은 예외 없이 삶의 행복을 누립니다. 곳곳에서 저자의 행복으로 가

당신이
행복했으면
좋겠습니다

는 로드맵을 풀어내는 지혜가 묻어남을 느낄 수 있습니다.

진정한 행복은 애벌레의 상태가 아니라 나비가 되었을 때 꽃들에게 희망을 선물하는 원리입니다. 하나님께서는 우리 각자에게 향하신 계획을 따라 훈련과 연단의 과정을 예비해 놓으시고 하나님의 뜻과 기대를 깨달아 알도록 우리를 이끌어 주십니다.

이 책은 이런 면에서 기독교와 예수님에 대해서 생소하신 분들에게 도움이 될 뿐 아니라 현재의 삶의 자리에서 안주하지 아니하고 영적인 용량을 넓혀 주님의 마음과 주파수를 맞추기 원하는 분들께도 매우 유익하리라 생각합니다. 우리의 영혼이 미소를 지을 때 우리를 바라보시는 주님의 얼굴에도 미소가 가득하리라 확신합니다.

복잡다난한 세상 가운데서 이 책이 한 줄기 시원한 바람으로, 한 모금의 생수로 우리 모두에게 다가오기를 원합니다.

오정호 목사 (새로남교회 담임 / 대전광역시기독교연합회 회장)

프롤로그

하나님께서는 우리가 행복하게 사는 것을 원하신다는 것을 늘 깨닫게 됩니다. 목회와 상담을 하면서 상실의 고통으로 많이 힘들어하시는 분들을 만나게 되었습니다. 교회는 나오지만 예수님 안에서 진정한 행복을 충분히 누리지 못하는 분들도 만나게 되었습니다. 예수님 안에서 이전보다 더 힘차게 믿음생활하며 풍성한 행복을 누리는 데 도움을 드리고자 기도했습니다. 이 책은 평신도성장프로그램 전도서를 강의하면서 얻은 모티브를 통해 성도들이 더 풍성한 그리스도의 사랑과 예비하신 행복을 누리도록 돕고자 쓰게 되었습니다.

이 책은 다음과 같이 구성되어 있습니다. 1장에서는 하나님께서 우리에게 원하시는 것이 행복이라는 사실을 통해서 우리를 향한 하나님의 기대를 살펴보았습니다. 행복하려면 좋으신 하나님에 대한 바른 인식, 그리고 그것을 믿음으로 받아들여야만 합니다.

2장에서는 행복을 이루는 작은 요소들인 분명한 자기인지, 사랑, 기쁨, 감사에 대해서 살펴보았습니다. 자신을 안다는 것은 자신의 기질과 성격 등을 정확하게 인지하는 것과 더불어 하나님 앞에서 나 자신이 누구인가를 살펴보는 것입니다. 사랑과 기쁨과 감사가 내 삶을 풍성하게 채울 때 진정한 행복을 누리게 됩니다.

　3장에서는 우리가 이 땅에서 경험하는 상실과 고통의 문제를 어떻게 행복으로 승화시킬 것인가, 나의 성공이 과연 행복을 보장하는가, 성공이 행복이 되기 위해서는 어떻게 해야 할 것인가에 대한 주제를 다루었습니다. 행복은 상실과 성공을 모두 넘어서야 합니다.

　4장에서는 우리가 말씀 안에서 훈련되고 변화되어야 함을 설명합니다. 내가 원한다고 행복이 오지는 않습니다. 말씀 속에서 훈련되고 변화할 때 더 높은 수준에 이르게 됩니다.

5장에서는 왜 예수님이 행복하신가를 살펴보면서 우리가 예수님처럼 산다는 것이 어떤 의미인지, 그리고 예수님의 행복을 이 땅에서 누릴 수 있는 방법들에 대해 나누고 있습니다. 이 책이 예수님을 잘 알지 못하는 분에게는 예수님을 만날 수 있는 기회가 되며, 성도들에게는 더 풍성히 누리는 그리스도인이 되는 데 도움이 되길 소망합니다.

기쁜 마음으로 추천해 주신 오정호 목사님과 라일락지 발행과 행복연구원사역으로 사모들의 행복을 돕고 계신 조성희 사모님께 진심으로 감사드립니다. 이 두 분은 제가 목회자로서 바르게 설 수 있도록 지도해 주셨습니다. 새로남교회는 저에게 있어서 목회자로 거듭날 수 있게 한 영적 산실(産室)이기도 합니다. 이 책은 저의 소중한 사역에 대한 기념이 될 것입니다. 이 책의 수익금 중 하나님께 약속드린 일정 부분은 다음 세대를 위한 새로남교회 드림

센터 건축비에 드려짐을 밝힙니다. 책 출간을 허락해 주시고 좋은 책을 만들어 주신 생명의말씀사에 감사드립니다.

　제가 한 일이라면 무조건 기뻐하시며 자랑스러워하시는 부모님 오상열 장로님과 이은혜 권사님, 사랑하는 가족 하주현, 다인, 다정 그리고 저를 사랑하고 귀하게 여겨 주시는 성도님들과 함께 기쁨을 나누길 원합니다. 이 책 속에 익명으로 등장하는 저의 소중한 분들께도 감사와 사랑을 전합니다. 모든 것이 합력하여 선을 이루게 하시는 하나님의 은혜가 모든 분과 함께하시길 소망합니다. 모든 영광을 하나님께 올려드립니다.

2011년 5월
오대희 목사 (대전 새로남교회 선교, 복지담당)

목차

추천의 글 • 4
프롤로그 • 6

1 / 행복은 하나님을 바로 아는 것에서부터 시작된다

좋으신 하나님 • 13

아빠 딸, 행복해야 돼 / 어머니의 마음 / 좋으신 아버지 하나님 / 우리를 향한 하나님의 생각

2 / 행복을 이루는 작은 요소들

내가 누구인지 분명하게 알라 • 30

간장 종지 인생 / 지피지기 백전백승 / 이게 원래 나야 / 행복의 최대의 적 / 타락의 증거들 / 우리가 꿈꾸는 또 다른 행복 / 행복으로의 복귀 / 구원받은 자의 행복

사랑받고 사랑하라 • 68

아름다운 모습 / 왜곡된 사랑 / 편애의 희생자들 / 자존감 – 삶을 긍정적으로 해석하는 힘 / 여호와의 친밀한 사랑 / 예수님의 사랑으로 다시 태어나다 / 무한한 사랑에 잠기다

어떤 일이 있어도 마음에 기쁨이 떠나지 않게 하라 • 92

솔로몬의 지혜 / 심령의 낙(樂) / 가난한 아버지의 행복 / 과도한 낙천주의자 되기 / 희망 / 기쁨을 나누라

감사가 넘치게 하라 • 112

내 아버지의 이야기 / 감사하는 자에게 주시는 행복 / 탐욕을 이기게 하는 감사 / 타인의 번성함으로부터 자유하게 하는 감사 / 불평 대신 감사로 승리한 인생 / 아쉬움 즐기기 / 우리가 더 배워야 할 감사

3 / 행복은 상실과 성공을 넘어선다

상실감을 극복하라 • 132

어느 자매가 풀어야 할 숙제 / 상실의 삶 / 우리의 행복을 빼앗아 가는 것들 / 상실감 극복하기 / 불만족 해결은 만족을 의미하지 않는다

부와 성공이 행복으로 이어지게 하라 • 156

넌 잘될 거야, 반드시 잘될 거야 / 재 대신 화관을 주시는 하나님 / 성공과 행복 / 2% 부족한 성공 / 다르게 산 사람들의 이야기 / 하나님의 선한 의도를 담아내는 성공

4 / 행복하고 싶다면 훈련받아 변화되라

고치시는 하나님을 경험하라 • 179

바람 부는 언덕에 서 있는 나무 / 인생의 다림줄 / 바르게 서야 할 기준으로서의 말씀 / 지금도 말씀으로 고치시는 하나님

변화를 위해 훈련하라 • 196

날마다 새롭게 태어나야 한다 / 오직 훈련만이 변화를 가져온다 / 인생의 광야에서 행하시는 훈련 / 온전한 순종

5 / 행복의 모델이신 예수님을 본받으라

거룩한 행복 • 212

괴로웠던 사나이, 행복한 예수 그리스도 / 예수님의 거룩한 성품을 본받으라 / 목적을 발견하라 / 명확한 우선순위를 정하라 / 날마다 더하시는 은혜를 입어라 / Be Happy & Make Happiness

주 • 239

1 /Chapter

행복은 하나님을 바로 아는 것에서부터 시작된다

나의 자녀가 항상 행복하고 잘되기를 바라는 마음이
아이를 향한 부모의 마음입니다.
하나님께서는 우리가 자녀를 위해 갖는 이 마음보다
더 크고 더 분명한 마음으로 우리의 행복을 원하고 계십니다.

좋으신 하나님

아빠 딸, 행복해야 돼

여느 때와 같은 아침이었습니다. 따스한 햇살이 저의 얼굴을 비췄고, 비록 도심이긴 했지만 아침 공기는 상쾌했습니다. 집에서 나와 교회로 출근할 때 첫아이를 어린이집에 데리고 갑니다. 평소처럼 오늘도 아이를 등에 업고 이런저런 이야기를 나누며 어린이집으로 향했습니다. 아이는 요즘 세상의 문리를 깨치는지 집을 나설 때는 업어달라고 하지만 목적지에 다다르면 다시 내려달라고 하고 마치 혼자 걸어온 듯 어린이집으로 들어갑니다.

아이를 어린이집 앞에 내려놓고 헤어질 때면 꼭 안아줍니다. 그리고 저도 모르게 늘 하는 말이 있습니다.

"아빠 딸, 행복해야 돼."

그러면 아이는 "예"라고 대답한 후 아빠와 잠시 이별하게 됩니다. 오늘 아침에도 어제와 마찬가지로 아이를 내려놓고 꼭 껴안았습니다.

"아빠 딸, 행복한 하루 되렴."

그런데 오늘 아이의 반응이 뜻밖이었습니다. 평소에는 그냥 "예"라고 멀뚱거리며 대답하던 아이가 오늘은 뜻밖의 질문을 했습니다.

Chapter 1 행복은 하나님을 바로 아는 것에서부터 시작된다

"근데 아빠, 왜 행복해야 돼?"

순간 당황해 마땅한 대답을 찾지 못했습니다. 평소에 아무런 생각 없이 그냥 의례적으로 한 인사가 아닌가 하는 생각도 들었습니다. 잠시 머뭇거렸지만 이내 성령님께서 마음에 대답할 말을 떠오르게 하셨습니다.

"그건, 하나님께서 널 행복하도록 만드셨기 때문이지. 그러니까 넌 행복해야 돼, 알았지?"

아이는 말뜻을 이해했는지 못 했는지 모르지만 고개를 끄덕였습니다.

그러고는 "아빠도 행복한 하루 보내세요" 하며 저를 향해 손을 흔들었습니다. 어린이집 다니는 아이치곤 참 거창한 인사를 한 셈입니다. 아이를 맡기고 돌아오는 길이 행복했습니다. 마음에 뿌듯함이 가득 찼고 아이로 인해 감사함이 밀려왔습니다.

그렇습니다. 우리는 왜 행복해야 됩니까? 바로 하나님께서 당신과 저, 우리 모두를 행복하게 살도록 만드셨기 때문입니다. 우리가 행복하게 사는 것, 그것은 하나님을 기쁘시게 하는 최선의 방법입니다.

저는 아빠로서 아이에게 바라는 한 가지 소원이 있습니다. 아이가 늘 행복했으면 좋겠습니다. 아프지 않고, 상처받지 않고, 좋은 친구 만나고, 하나님 잘 믿으며 이 땅에서 사는 동안 주어진 분복을 따라 행복하게 잘 살았으면 좋겠습니다. 이것이 제 아이를 향한 아빠로서 유일한 소망입니다. 그런데 잠깐 돌이켜 생각해 보면 저의 부모님도 저를 향해 동일한 생각을 갖고 계실 것입니다. 정작 자신들의 몸이 두 동강이 나도록 심한 노동을 하실지언정 자식의 행복만은 지켜주고 싶은 심정으로 지금까지 살아오셨을 것입니다. 우리 하나님도 그렇습니다. 주님의 최대 기쁨은 주님의 자녀가 행복하게 사는 것입니다. 행복하십시오. 이것은 하나님을 기쁘시게 해드리는 길입니다.

어머니의 마음

부모가 자식을 얼마나 사랑하는지는 부모가 되어 봐야 압니다. 머리로 아는 것과 마음으로 느끼는 사랑의 차이가 얼마나 큰지도 부모가 된 후에 알게 되었습니다. 자신이 아이를 사랑하는 간절한 마음은 알면서 부모가 자신을 간절히 사랑하고 있다는 것은 잘 모르는 사람이 있습니다.

어떤 분이 결혼해서 아기를 낳고 너무 사랑스러워하며 안고 있었습니다. 그때 옆에 있던 친정 엄마가 "나도 너를 그렇게 사랑했단다"라고 말했습니다. 그러자 아기 엄마가 이렇게 말했다고 합니다.

"설마, 그랬을까……, 엄마는 농담도 잘해."

아마 그 아기 엄마는 엄마가 된 지 얼마 안 돼서 잘 몰랐던 것 같습니다. 그러나 세월이 흐를수록, 자녀를 기를수록 어미의 지극한 사랑과 아낌없이 주는 사랑을 알게 될 것입니다. 설령, 그것을 피부로 느낄 수 없다 하더라도 자신의 어머니 또한 자신을 이렇게 키우셨으리라고 머리로는 충분히 유추할 수 있을 것입니다.

아이를 길러 보면 아이들이 부모의 사랑을 인지하기까지는 꽤 많은 시간이 걸린다는 것을 알게 됩니다. 아이들은 지능이 어느 정도 발달하고 사리분별이 되면서 부모가 자신을 사랑하고 있다는 사실을 인지하기 시작합니다. 처음에는 자신을 보호해 주고, 응석을 다 받아주고, 모든 요구를 들어주는 것을 당연하게 여깁니다. 그렇게 잘해 주다가도 한 번 잘못하면 화내고 울면서 아빠를 때리는 것이 우리 아이들의 모습입니다. 엄마, 아빠를 따라 "사랑해"라고 말하지만, 아직 어린 둘째의 눈에는 사랑을 깨달은 듯한 모습이 전혀 보이지 않습니다.

12세 이전까지의 아이들에게는 모든 세계가 자기중심적으로 이루어집니다. 그래서 자기가 잘못해서 어려움을 당해도 그것이 자기 잘못이 아니라, 타인의 잘못으로 인해서 그렇게 되었다고 느낍니다. 어린아이들은 자기가 잘못해서 어려움을 당해도 이게 엄마 때문이고, 이게 아빠 때문이라고 원망합니다. 어떤 부모는 아빠 잘못이라고 말하는 아이에게 그것은 너의 잘못이라고 아주 강하게 가르치기도 하지만 이때 아이는 부모의 말을 이해하는 것이 아니라 마음에 섭섭함과 분노를 느끼게 됩니다. 그러므로 성인이 되어서도 고통의 원인이 타인에게 있거나 하나님께 있다고 여기면 그것은 미성숙의 증거입니다. 미성숙하면 사람들이 사랑을 베풀어줘도 깨닫지 못합니다.

아이는 서서히 자라면서 엄마의 존재를 인지하고 타인과 엄마를 구별하기 시작합니다. 어렴풋이나마 '왜 이 사람만 유독 나한테 잘해 주는 걸까?' 생각도 해보게 됩니다. 그러다가 점점 사랑이 무엇인지 알게 됩니다. 부모의 사랑은 한결같더라도 그 사랑을 느끼며 받아들이는 것은 아이의 상태와 인지하는 강도에 따라 다릅니다.

대학교 2학년, 6월경이었던 것 같습니다. 고향에서는 한창 모내기를 하고 있었습니다. 지금은 농사일이 기계로 많이 진행되지만 그 시절의 모내기는 오직 사람의 힘으로만 하는, 아주 고된 작업이었습니다. 동네 사람들끼리 품앗이를 해가며 논에 모를 심었습니다. 양쪽에서 못줄을 대면 허리를 굽혀 못줄의 눈금에 맞춰 모를 서너 포기씩 모아 심습니다. 한 사람이 적게는 한 줄에서 스무 개, 많게는 서른 개까지 담당해 모를 심습니다. 한 90% 정도 심으면 논 양쪽에서 줄을 잡고 있는 사람들이 "오라이!" 하면서 줄을 넘깁니다. 그러면 그다음 줄에도 똑같은 방법으로 열심히 모를 심습니다. 일의 속도를 내기 위해 못줄을 잡은 사람은 90% 정도만 진행되면 줄을 넘깁니다. 한 마지기 논에 모를 심는 동안 허리를 단 한 번도 펼 수 없습니다. 농번기 때는 새벽에 나가 날이 어둑해질 때까지 똑같은 일을 반복합니다. 보름에서 길게는 한 달 동안 모심기가 계속됩니다. 모심기는 한마디로 골병드는 작업입니다. 품앗이를 해주면 다른 집에서 일한 만큼 그 사람들도 우리 집에 와서 일을 해줍니다. 그러나 비율이 맞지 않을 때는 일당으로 그날 일을 계산해 줍니다. 모심기의 인건비는 보통 일당보다는 높습니다. 당시 모심기 하루 일당이 남자는 3만 원, 여자는 2만 원이었습니다.

저녁 늦게 시골집에 도착한 어느 날이었습니다. 어머니는 농사일에 지쳐 주무시고 계셨고, 아버지와 이런저런 대화를 나누게 되었습니다. 그날 시골에 내려간 것은 생활비가 필요했기 때문이었습니다. 아버지는 주무시는 어머니를 깨우며 말씀하셨습니다.

"어이, 아들 왔는데, 돈 있으면 좀 주지?"

주무시던 어머니는 눈을 뜨고 일어나 서랍을 여셨습니다. 서랍 안에는 구깃구깃한 만 원짜리 몇 장이 있었습니다. 아마 우리 집 전 재산인 듯했습니다. 어머니는 돈을 꺼내 제 손에 쥐어 주시며 말씀하셨습니다.

"아껴 써라."

그리고 피곤을 이기지 못하셔서 바로 다시 잠이 드셨습니다. 아버지는 어머니가 일주일 동안 모심기를 해서 번 돈이라고 덧붙이셨습니다.

시간이 지나면 지날수록 그날 밤, 그 돈을 주신 어머니의 모습이 마음에 남았습니다. 몸이 부서지도록 노동해서 얻은 수입을 단 한 번의 주저함 없이 모두 아들에게 주시는 어머니, 자식이 그 귀한 돈을 어떻게 쓰든 상관하지 않고 주는 것만으로 기뻐하시는 어머니……. 그날 어머니의 모습은 자식에게 모든 것을 주기 위해 평소 늘 준비하시던 어머니 모습의 단면이었습니다. 그 모습은 평소의 어머니 모습으로 제 마음에 자리 잡았습니다.

이 세상의 어머니들은 자식을 향해 어떤 소원을 갖고 있을까요? 그 비밀은 결혼하고 아이가 생긴 후 알아가기 시작했습니다. 그리고 자녀를 향한 제 마음을 통해 저를 사랑하시는 하나님의 마음을 느끼게 되었습니다.

좋으신 아버지 하나님

저를 향한 하나님의 소원은 무엇일까요? 저는 이 질문에 조금도 주저하지 않고 하나님이 원하시는 것은 바로 '나의 행복'이라고 대답할 수 있습니다. 크신 하나님께서 우리 각 사람에게 주시는 그분의 뜻이 있습니다. 사람마다 받아들이는 것도 다르고 느끼는 것도 다르지만 포괄적으로 본다면 나의 행복은 곧 하나님의 뜻입니다. 이것은 틀림없는 사실입니다. 하나님께서는 우리가 잘되길 바라시고, 우리가 기뻐하고 즐거워하며, 하나님과 더불어 행복하게, 영원히 함께 살기를 바라십니다.

그러나 인생의 문제는 하나님이 우리를 향해 원하시는 행복과 미성숙한 우리가 원하는 행복이 다름에서 옵니다. 우리는 아버지께서 원하시는 행복과는 다른, 우리가 원하는 행복에 집착하기도 합니다. 아버지께서 원하시는 행복이 아닌, 다른 행복을 꿈꾸고 있다면 그것은 아직 철이 덜 든 탓입니다. 하나님께서 우리를 위해 준비해 두신 행복이 무엇인지조차 모르는 데 문제가 있습니다. 하나님이 원하시는 행복은 우리 마음의 생각처럼 저급하고, 차원이 낮은 상태의 쾌락이 아니라 영적이며, 거룩하며, 탁월한, 차원 높은 행복입니다. 인생을 더 많이 산 사람이 가르쳐 주는 지혜를 따라 살면 좋습니다. 마찬가지로 우리보다 우리를 더 잘 아시는 하나님의 뜻에 부합하는 행복만이 우리를 지켜주는 진정한 행복입니다. 아버지 하나님은 우리가 이런 행복 속에서 살기를 소원하고 계십니다.

존 칼빈(John Calvin)의 저서 중에 기독교 강요라는 책이 있습니다. 이 책은 기독교의 교리를 요약, 설명한 책입니다. 우리가 왜 하나님을 알아야 하는지, 왜 하나님을 믿어야 하는지를 잘 설명해 주는 책으로 칼빈은 책의 제일 첫 장에서 "하나님을 아는 지식과 나 자신을 아는 지식은 서로 연결되어 있다"고 정의하고 있습니다.

우리 자신의 행복을 이야기하기 위해서는 우리를 만드신 하나님을 알아야 합니다. 우리를 만드시고, 우리를 다스리시며, 우리를 천국으로 이끄실 하나님을 알되 제대로, 바르게 아는 것이 행복을 찾는 데 가장 중요한 기초가 됩니다. 인생의 불행은 하나님을 떠나는 것에서부터 옵니다. 죄는 하나님으로부터 우리를 분리시켰고 하나님으로부터 멀어지게 했습니다. 하나님으로부터 멀어질수록 행복도 멀어집니다.

많은 사람들은 이 사실을 인정하지 않으려고 합니다. 하나님에 대한 근본적인 오해와 그릇된 믿음 때문에 우리의 행복과 하나님의 존재를 분리해서 생각하려고 합니다. 신앙인들 중에서도 인격적으로 예수님을 만나지 못한 분들은 하나님이 우리의 행복을 위해 존재하시는 분이 아니라, 오히려 우리의 행복을 방해하시는 분이라고 여기기도 합니다. 그리고 하나님을 제외한 상태에서 누리는 행복이 있을 것이라 생각하며 그것을 찾기 위해 힘쓰다가 귀한 세월을 다 보내는 경우도 참 많습니다. 행복하려면 하나님을 찾아야 합니다. 하나님 안에서 모든 문제를 풀어야 합니다. 우리를 구원하신 예수님이 모든 문제의 해답이 되십니다.

하나님에 대한 저마다의 이해도가 다른 것은 주로 부모의 양육태도와 깊은 연관이 있습니다. 하나님께서는 자녀에게 부모를 하나님의 대리자로 세워주셨습니다. 그래서 부모의 양육태도는 아이들이 하나님의 존재에 대해 인식하는 데 많은 영향을 미치게 됩니다. 특히, 자신의 아버지에 대한 이미지가 하나님께 그대로 투영되기도 합니다. 사랑이 많은 자상한 부모에게 양육받은 아이는 하나님에 대해 묵상할 때 하나님을 좋으신 분으로 연상합니다. 그러나 엄하고, 늘 책임을 묻고, 때로는 폭력을 행사하는 아버지 밑에서 자란 아이들은 하나님을 책임과 의무를 강요하는 두려우신 분으로 인식합니다.

청소년 사역을 하던 어느 전도사님이 해주신 말씀입니다. 예수님을 믿은 지 얼마 되지 않은 아이가 질문을 했습니다.

"전도사님, 왜 하나님을 아버지라고 부르나요?"

"음, 그건, 하나님은 아버지처럼 좋으신 분이기 때문이란다."

"전도사님, 만일 하나님이 우리 아버지 같다면 전 그 하나님을 믿지 않을 거예요."

그 아이는 순간 분노했고, 기도할 때에도 절대로 '하나님 아버지'라는 말을 하지 않았다고 합니다. 오랜 가정폭력 속에서 생긴 상처 때문이었습니다. 이런 아이들은 성경을 아무리 읽고 공부해도 하나님에 대한 이미지가 벌을 주시는 하나님, 엄하신 하나님에 머물고, 때로는 변덕이 심하고 감정적인 육신의 아버지의 모습과 오버랩된다고 합니다. 참으로 안타까울 따름입니다. 더 큰 하나님의 은혜가 필요한 것입니다.

왜 하나님이 좋으신 분일까요? 삶에서 하나님을 경험하며 알게 되지만 성경을 통해 들여다보겠습니다.

첫째, 하나님은 선하시고 인자가 많으신 분이기 때문입니다(시 107:1). 우리가 좋아하는 사람들은 모두 선한 분들입니다. 잘 참아주고, 용서해 주고, 수용해 주는 분들입니다. 이분들이 가진 선하고 인자한 성품이 바로 하나님의 성품입니다. 우리가 잘되기를 바라시며, 잘되도록 해주시고, 또 우리가 잘못했을 때에도 바로 벌 주시지 않고 기다려주시며, 용서를 구하면 뒤끝 없이 깨끗하게 용서하시는 분입니다.

둘째, 하나님은 우리에게 좋은 것을 많이 주시는 분입니다. 우리 아이들은 엄마보다 아빠를 더 좋아합니다. 이유는 간단합니다. 엄마는 아이의 건강과 바른 생활을 위해 제약하는 것이 많습니다. 그런데 아이 입장에서 보면 모두 안 되는 것들뿐입니다. 그러나 저는 웬만하면 다 허락합니다. 배탈이 나더라도 아이가 원하면 원 없이 아이스크림을 먹게 합니다. 물론 엄마는 모릅니다. 엄마는 아이들의 육체적인 건강을 중요시합니다. 저는 아이들이 어려서 포만감과 행복감을 느껴보고 정서적으로 풍부함을 누리게 하기 위해 웬만한 것은 다 허용합니다. 그래서 아이들은 저를 좋아합니다.

　우리는 우리에게 좋은 것을 주는 사람을 좋아합니다. 이 세상에서 우리에게 가장 좋은 것을 아낌없이 주는 분은 부모님이십니다. 그리고 우리를 사랑하는 분들입니다. 그러나 하나님이 좋은 것을 주시는 것은 이분들이 주는 것과는 차원이 다릅니다. 한마디로 격이 다릅니다. 우리가 원하는 것, 우리에게 필요한 것, 가장 중요한 것을 아낌없이 주시는 분이 바로 하나님이십니다.

"자기 아들을 아끼지 아니하시고 우리 모든 사람을 위하여 내주신 이가 어찌 그 아들과 함께 모든 것을 우리에게 주시지 아니하겠느냐"(롬 8:32).

셋째, 하나님은 사랑 자체이십니다. 우리가 좋아하는 사람들, 우리를 좋아하는 사람들 모두 우리가 사랑하는 사람들입니다. 사랑이 많은 사람을 우리는 좋아합니다. 하나님은 사랑 자체이시며 모든 사랑은 하나님으로부터 왔습니다. 우리는 사랑이 좋은 것이라고 알고 또 사랑하려고 합니다. 하나님을 알면 사랑을 알게 되고, 하나님의 사랑을 받아들이게 되면 행복이 무엇인지 풍성하게 느끼게 됩니다.

"하나님이 우리를 사랑하시는 사랑을 우리가 알고 믿었노니 하나님은 사랑이시라 사랑 안에 거하는 자는 하나님 안에 거하고 하나님도 그의 안에 거하시느니라"(요일 4:16).

넷째, 하나님은 우리를 잘되게 하십니다. 인생에는 꼭 우리의 삶을 어렵게 만드는 악당들이 있습니다. 그러나 천사처럼 우리를 돕는 분들도 있습니다. 우리는 천사같이 우리의 삶을 도와주는 분들을 좋아합니다. 예수님께서 이 땅에 오신 이유는 양으로 생명을 얻게 하고 그 생명을 더 풍성하게 하기 위함이라고 하셨습니다(요 10:10). 이 말씀을 한마디로 표현한다면 우리에게 영원한 생명을 주시며, 영원한 행복을 주시기 위해 예수님께서 오셨다는 것입니다. 예수님이 오셔서 하시고자 한 일은 우리에게 생명을 주시고, 더 잘되도록 해주시기 위함입니다.

성경은 하나님에 대한 책입니다. 하나님에 대해 공부하면 할수록 하나님이 좋으신 분임을 알게 됩니다. 예수님을 믿고 신앙생활을 하면서 역경을 당하거나 어려운 인생의 고비를 지날 때마다 기도를 통해, 말씀을 통해 우리에게 다가오시는 하나님은 좋으신 하나님입니다. 성경을 통해 좋으신 하나님을 알아야 합니다. 그리고 그 하나님을 나의 삶 속에서 인격적으로 만나고 체험해야 합니다. 그러면 하나님의 인도하심을 통해 우리는 좋으신 하나님을 삶에서 경험하게 됩니다.

앞으로 계속해서 다루겠지만 행복은 우리를 만드신 하나님으로부터 옵니다. 그리고 하나님을 바르게 아는 것에서부터 시작합니다. 하나님과의 올바르고 깊은 관계가 형성될 때 이 땅에서 일어나는 모든 수평적인 관계 속에서 행복을 이루게 됩니다. 모든 행복의 가장 중심에는 하나님을 아는 것, 하나님과 깊은 관계를 형성하는 것이 있습니다. 하나님과의 깊은 관계가 모든 행복에 영향을 미칩니다. 세상적으로 잘되도 마음이 편하지 않으면 행복하지 않듯 마음의 상태는 우리의 모든 면에 영향을 미칩니다. 이처럼 하나님을 아는 것과 하나님과 깊은 관계를 형성하는 것은 우리의 삶에서 누리는 행복의 모든 면에 절대적인 영향을 미치게 됩니다. 행복하고 싶으면 하나님부터 찾아야 합니다.

우리를 향한 하나님의 생각

하나님을 생각하면 일단 두려워하는 사람들이 참 많습니다. 특히, 우리 문화 속에는 신에 대한 두려움이 아주 많습니다. 그래서 신의 노여움을 풀기 위해 제사를 지내거나 굿을 하는 예들이 우리의 삶 속에 많이 남아 있습니다. 성도들 중에서도 교회에 나오지 않으면 하나님께서 벌을 주시지 않을까 걱정되어 의무적으로 교회에 출석하는 분들을 간혹 보게 됩니다.

앞서 나눈 것처럼 부모의 양육태도가 하나님에 대한 자아상을 만들기도 합니다. 부모가 엄하고 늘 결과를 요구하며, 잘못했을 때 심하게 매를 드는 양육환경에서 자란 사람들은 하나님을 위해 죽어라 충성하거나 일을 합니다. 그래야 그분의 노여움에서 벗어나게 되는 것이 아닐까 생각하기 때문입니다.

교회에서 열심히 충성하는 것은 하나님께 상을 받을 귀한 일임은 분명합니다. 그러나 끊임없는 봉사가 자신의 내면의 결핍으로 인해 왜곡된 방식으로 나타나는 충성이며, 봉사의 기쁨은 없고 봉사하면 할수록 몸과 마음이 더욱더 피곤해지는 결과를 가져온다면 하나님께서 원하시는 봉사가 아닙니다. 하나님의 나라와 이웃을 위한 봉사는 몸이 조금 고되더라도 내적인 기쁨을 누릴 수 있어야 합니다. 그런데 기쁨도 없고 고된 노동과 의무감만 남는다면 문제가 있습니다. 기쁨으로 봉사하려면 먼저 자신의 왜곡된 내면을 돌아볼 줄 알아야 합니다. 열심히 일하지 않으면 하나님께서 벌을 주실지 모른다는 막연한 불안감으로 인해 일중독처럼 봉사하는 모습은 하나님이 원하시는 모습이 아닙니다. 이 모든 것은 잘못된 과거의 경험과 하나님에 대한 오해에서 비롯된 행동들입니다. 하나님께서는 우리에게 평안과 희망을 주시길 원하십니다.

> "여호와의 말씀이니라 너희를 향한 나의 생각을 내가 아나니 평안이요 재앙이 아니니라 너희에게 미래와 희망을 주는 것이니라"(렘 29:11).

우리를 향한 하나님의 계획은 평안, 미래, 희망이라고 분명히 말씀하셨습니다. 이 말씀이 나온 배경을 잠시 살펴볼 필요가 있습니다. 이스라엘 사람들은 자신들은 하나님께서 선택하신 백성이기 때문에 절대 망하지 않는다고 생각했습니다. 그러나 하나님께서는 범죄한 백성들을 심판하셨습니다. 그러자 그들에게 큰 혼란이 왔습니다. '왜 우리가 망하게 되었는가?' 하는 생각과 '하나님은 과연 우리를 버리셨는가?' 하는 생각이었습니다. 이런 생각은 깊은 고난 중에 빠지면 누구나 하는 생각입니다. '왜 나는 하나님께 벌을 받고 있으며, 왜 하나님은 내게 벌을 주시는가? 하나님은 나를 버리셨구나' 하고 생각하게 됩니다.

예레미야 선지자는 하나님의 징계가 우리를 완전히 파괴하기 위한 징계가 아니라, 우리를 살리기 위한 과정임을 설명해 주었습니다. 하나님을 찾으면 만나게 될 것이며, 하나님께 돌아오면 하나님께서 회복시켜 주실 것입니다. 고통이 심해 하나님을 오해하게 될 때 하나님께서 분명하게 말씀하셨습니다.

"너희를 향한 나의 생각을 내가 안다. 그것은 평안이며, 미래에 희망과 소망을 주는 것이다."

이 부분에 대해서는 더 이상 의심하지 말아야 합니다. 우리의 미래를 향한 하나님의 분명한 뜻은 평안과 행복과 희망을 주시는 것입니다. 행복해지고 싶다면 행복해질 수 있습니다. 왜냐하면 우리를 향한 하나님의 행복 계획이 분명하기 때문입니다. 우리는 그것을 찾아야 하고, 발견해야 하며, 그 길로 가야 합니다. 하나님의 소원은 당신의 행복입니다. 지금까지 빗나간 것 같더라도 여전히 하나님은 당신의 행복을 원하십니다. 이 분명한 사실은 천지가 변해도 절대 변하지 않습니다. 하나님은 지금도 당신이 행복해지길 원하십니다. 하나님이 주고자 원하시는 복은 내세의 복인 영생의 복과 현세의 복인 물질과 건강과 자녀에 대한 복, 모두를 포함합니다. 아버지로서 내 자녀가 행복하길 바라는 그 마음보다 훨씬 더 비교할 수 없을 정도의 크신 사랑으로 하나님은 우리가 행복하길 바라고 계십니다.

그러면 문제는 어디에 있는 걸까요? 하나님께서 우리가 행복하길 원하신다면 우리는 어떤 행복을, 어떻게 누려야 할까요? 그 이야기를 지금부터 나눠보고자 합니다.

2 / Chapter

행복을 이루는 작은 요소들

하나님께서 우리에게 주시는 행복은
천국에서 누리는 행복만은 아닙니다.
지금 여기에서 우리가 행복을 누리도록 하셨습니다.
이 땅에서 행복을 누릴 수 있도록
하나님께서 우리에게 주신 몇 가지 원리가 있습니다.

'하나님 앞에서 내가 누구인지를 아는 것'
'사랑하고 사랑받는 것'
'어떤 일이 있어도 마음에 기쁨이 떠나지 않게 하는 것'
그리고 '감사가 넘치게 하는 것.'

이 작은 원리들이 그리스도 예수 안에서
행복한 삶을 살아가게 해줍니다.

내가 누구인지 분명하게 알라

간장 종지 인생

우리 가정은 일찍 예수님을 믿은 가정입니다. 그래서 친척 중에 예수님을 믿는 분들이 많습니다. 뿐만 아니라, 목회자로 부르심을 받은 형님들도 많습니다. 목회하시는 친척 형님들은 신실한 모습으로 하나님 앞에 귀하게 쓰임을 받고 있습니다.

친척 형님 목사님들에 비한다면 저는 목회자로 막차를 탄 후배의 위치입니다. 아무도 저에게 어떻게 목회하라고 말해 주지 않았지만, 제 마음속에는 언제부터인가 형님들처럼 목회를 잘해야 한다는 생각이 깊이 자리 잡기 시작했습니다. 그분들로부터 많이 배우려고 힘썼고, 흉내도 많이 냈습니다. 하나님을 사랑하는 열정으로 충만한 형님 목사님들의 열정을 흉내 냈습니다. 그분들의 설교도 연구했습니다. 그리고 리더십도 배우고자 힘썼습니다. 이러한 노력들은 저를 발전시켰지만, 한편으로는 뱁새가 황새를 쫓아가는 형국이 되다 보니 늘 마음에 뭔가 차지 않는 답답함과 불편함, 그리고 이래서는 안 된다는 강박관념이 있었습니다.

형님들에게서 힘써 배우는 것이 목회자로서 성공하고 잘되는 일에는 좋을지 모르지만, 그러한 추구 자체가 저의 행복을 파괴하고 마음의 평안을 앗아가는 결과를 만들었습니다. 목회성공 신드롬에 빠져 성공을 추구하지만 이루지 못해 영적 패배주의에 빠진 목회자들이나, 자신의 목회지를 과소평가하며 늘 부족함을 느끼는 불만 많은 목회자의 모습이 저에게 나타나기 시작한 것입니다. 잘 되고 싶은 마음과 더불어 그 잘되고 싶은 마음이 저를 더 힘들게 하는 괴리적인 상황을 이해할 수 없었습니다. 목회자로서 열정적으로 살고, 리더십을 발휘하면서 사는 것이 바람직한 것일 텐데, 왜 내게 이것이 벅차게 느껴지는 것일까에 대해 깊이 생각하게 되었습니다. 이에 대한 답을 찾지 못한 채 많은 시간을 보냈습니다. 그리고 하나님의 은사에 대해 바르게 공부하고 나서야 이 문제가 해결되었습니다.

은사는 하나님께 영광을 돌리며, 이웃에 봉사하고, 그리스도의 몸 된 교회를 세워가도록 하나님께서 주신 선물입니다. 그런데 이 은사는 다양합니다. 한국교회는 초자연적인 방언이나 예언이나 병 고침과 같은 은사만 은사로 생각하고 자연적인 은사들, 행정, 리더십, 돕는 것, 전도, 예술, 대접 등의 은사는 간과하는 경향이 많았습니다. 그러다 보니 초자연적인 은사만 사모하게 되고 내게 주신 은사는 잊고 살게 되는 결과를 가져왔습니다.

은사를 테스트하고 가르치다 보면 "내게 없는 은사를 어떻게 개발시킬 수 있습니까?"라는 질문을 많이 받습니다. 은사는 내게 주신 것으로 남을 돕고 봉사하며, 내게 없는 은사는 다른 사람들을 통해 보완하며 공동체를 세워가도록 주신 것입니다. 은사를 제대로 공부하면 서로 더불어 사는 행복을 누리게 됩니다.

예전에 공동체에서 교역자들과 교제하면서 제가 잘하는 것은 열심히 도와주고, 또 제가 못하는 것에 대해서는 솔직히 고백하고 도움을 요청했습니다. 그때 후배 목사가 이렇게 말했습니다.

"저는 늘 형한테 도움만 받고 사는 줄 알았는데, 형을 도와줄 수 있다는 사실이 참 기쁘네요. 그리고 형이 제게 이런 도움을 요청해 주니 보람을 느끼고요."

은사를 제대로 이해한 후에는 제게 없거나 부족한 점을 가지고 불평하거나 원망하지 않았습니다. 그것들을 솔직히 인정하고 공동체에서 다른 분의 도움을 받았습니다. 그리고 제게 주신 좋은 은사들로 그들을 섬기고 돕기 시작했습니다. 그러자 마음에 기쁨이 충만해졌습니다. 은사와 더불어 열정과 스타일, 그리고 저의 기질, 리더십 성향 등 조사할 수 있는 모든 것을 동원해 저 자신이 가진 사역적인 장점과 위치 그리고 에너지의 크기 등을 점검했습니다. 이런 과정을 통해 하나님 앞에서 형님들처럼 크게 쓰임받고자 하는 압박으로부터 자유롭게 되었습니다.

주인의 밥상에는 여러 그릇이 있습니다. 반찬을 담은 그릇도 있고, 밥과 국을 담은 그릇도 있습니다. 저는 제가 어떤 존재인지 모른 채 주인의 밥상에 올라와 있었습니다. 그리고 주변을 돌아보니까 밥그릇과 국그릇이 가장 먼저 눈에 들어왔습니다. 일단, 커서 주목을 받습니다. 그리고 주인의 숟가락과 젓가락이 가장 많이 가는 곳이기도 합니다. 목회하시는 형님들이 하나님의 밥상에서 국그릇과 밥그릇으로 쓰임받고 있었습니다. 리더십이 탁월하고, 열정과 체력과 다른 목회적인 재능들이 탁월하며, 거기에 도덕적인 능력까지 탁월했습니다. 그래서 저는 주인에게 요청했습니다. 저의 그릇에도 밥을 담아 드시라고 요청했습니다. 저의 그릇에도 국을 담아 드시라고 요청했습니다. 주인은 억지로 청하는 것을 이기지 못해 한두 번 그렇게 해주신 것 같습니다.

 그런데 그것은 제게 뭔가 맞지 않는 옷을 입은 것 같은 불편을 주었습니다. 주인께 쓰임받는다면 좋은 일인데 왜 쓰임받는 자체가 행복이 되지 않고 부담이 되었을까요? 그것은 저 자신을 바로 알지 못했기 때문입니다.

 그래서 '주인이 나를 어떻게 만드셨는가? 그리고 나를 어떤 용도로 쓰길 원하시는가?'에 깊은 관심을 갖기 시작했습니다. 그러면서 처음으로 저를 돌아보게 되었습니다. 저는 주인의 밥상 위에 놓인 작은 간장 종지였습니다. 크기나 용량이나 쓰임, 모든 면에서 간장 종지였습니다. 간장 종지에 밥을 담으면 한 숟가락이면 충분합니다. 국을 담아도 마찬가지입니다. 여기에 밥과 국을 담아 먹게 되면 어린아이라도 영양실조에 걸리고 말 것입니다. 간장 종지에 가장 잘 어울리는 모습은 간장을 담고 그 자리에 있는 것입니다. 자주 사용되지 않고, 주목받지 못하고, 큰 역할도 할 수 없지만 단 한 번이라도 쓰임을 받을 때는 그 밥상의 잘못된 간을 잡아주는 일을 담당하게 됩니다. 이렇게 쓰임받을 때 간장 종지도 기쁘고 주인도 기뻐합니다.

  오랜 시간 동안 저는 간장 종지로 만들어졌다는 것 자체를 인정하지 않으려고 했습니다. 그리고 간장 종지의 역할을 무시했습니다. 그러니 하나님 앞에서 쓰임받으면서도 기쁨보다는 늘 부족함에 대한 답답함과 끝없이 노력해도 채워지지 않는 열등감에 사로잡혀 살아야 했습니다. 그러나 저를 만드신 이의 계획과 제 속에 들어 있는 재능과 체력적인 한계와 능력적인 한계와 기질적인 장점 등 모든 것을 종합해서 이해해 볼 때 저의 존재가 간장 종지로 쓰임받을 때 가장 아름답다는 것을 알게 되었습니다.

  인생을 살다 보면 탁월한 사람들을 수없이 만나게 됩니다. 예전에는 그런 분들이 대체로 저보다 나이가 많았는데, 어느 순간부터 저보다 나이 어린 탁월한 목회자들이 등장하기 시작했습니다. 후배들이 객관적으로 저를 넘어서는 현장을 접할 때마다 마음에 여러 가지 생각이 듭니다. 잠시의 서글픔도 찾아오지만, 그분들과 저의 그릇의 크기가 다른 것과 용도가 다른 것을 확인하고 다시 마음을 잡습니다. 저보다 객관적으로 나은 사람이 그렇지 못한 사람보다 훨씬 더 많으며, 그들이 각 분야에서 지도자가 되어 나라와 교회를 건강하게 이끌어 가리라는 것을 머리로는 잘 압니다. 그러나 같은 공간 안에 나타난 탁월한 후배들의 모습은 마음에 잠시의 서글픔을 가져다주는 것이 사실입니다. 그러나 하나님 나라의 큰 모습을 그려 보며 저의 모습을 정확하게 이해하려 하면 그들의 탁월함이 저에게 짐이 아니라 한국교회의 축복으로 다가옵니다. 그리고 잠시 서글펐던 마음은 오래지 않아 사라지고 평안을 위해 다시금 마음을 가다듬게 됩니다.

지피지기 백전백승

우리는 종종 자신의 크기를 그릇에 많이 비유합니다. 성경 또한 우리를 그릇에 비유합니다. 그런데 재미있는 점은 성경 어디에도 큰 그릇이 되라는 말이 없다는 것입니다. 왜냐하면 그릇의 크기는 이미 하나님께서 만들어 주셨으므로, 우리가 해야 할 부분은 자신을 깨끗하게 만드는 것이기 때문입니다. 하나님 앞에 가장 적절하게 쓰임받은 것이 사람의 관점으로 보면 큰 그릇의 역할이겠지만, 하나님의 입장에서 보면 주인이 쓰시기에 합당한 깨끗한 그릇이 되는 것입니다.

> "그러므로 누구든지 이런 것에서 자기를 깨끗하게 하면 귀히 쓰는 그릇이 되어 거룩하고 주인의 쓰심에 합당하며 모든 선한 일에 준비함이 되리라"(딤후 2:21).

아무리 크고 금으로 만든 그릇이라도 더러우면 사용할 수 없습니다. 그릇이 쓰임받으려면 깨끗해야 합니다. 깨끗한 그릇이 쓰임받는다는 말씀은 우리가 하나님을 닮아가며 우리 안에 예수님의 거룩함을 더 많이 소유할수록 하나님께서 허락하신 행복을 더 많이 누리게 된다는 말씀입니다.

성경은 부부 또한 그릇에 비유해 설명하고 있습니다.

"남편 된 자들아 이와 같이 지식을 따라 너희 아내와 동거하고 저는 더 연약한 그릇이요"(벧전 3:7, 개역한글).

행복한 가정을 위해서는 서로를 잘 알아야 하는데, 우리의 존재는 연약한 그릇과 같다고 설명합니다. 베드로 사도는 남편들에게 아내에 대해 '더 연약한 그릇'으로 이해하라고 했습니다. 아내가 더 연약한 그릇이라는 말은 남편은 강한 그릇이라는 뜻이 아니라, 남편 역시 연약한 그릇이라는 말입니다. 쉽게 설명하면 남편들에게 "너도 연약한 존재이다. 너 자신을 과신하지 말아라"라는 당부와 더불어 아내들은 더 연약한 그릇이니 소중하고 귀하게 다뤄야 한다는 뜻입니다. 연약한 그릇은 깨지기 쉽습니다. 그래서 보물을 다루듯 소중하게 다루어야 합니다. 이처럼 부부는 서로 소중하게 여기며, 귀하게 여겨야 합니다. 특별히 아내에 대해서 더욱더 소중한 존재로 여기며 귀하게 여기라는 것입니다. 남편이 자신의 위치를 알고 배우자의 상황을 정확하게 파악한다면 그 가정은 행복합니다. 그러나 자신에 대해서도 정확한 인식이 없고 배우자에 대해서도 정확한 인식이 없으면 그 가정은 늘 불화하며 싸움이 끊이지 않습니다. 가정은 모든 행복의 기초가 되는 곳입니다. 이 가정에서 행복을 누리기 위해서는 서로가 얼마나 연약한 존재인가를 알고, 귀중하고 소중하게 여겨 주어야 합니다. "적을 알고 나를 알면 백전백승"이라는 손자병법의 격언이 있습니다. 이 말을 조금 바꿔보면 '나를 알고 남을 알면 만사 행복' 입니다.

결혼 초창기 때의 일입니다. 배가 고파 집에 일찍 들어갔습니다. 밥을 달라고 한 후 기다리는데 아내는 저를 위해 애호박전을 굽기 시작했습니다. 순간 저도 모르게 화를 냈습니다. 음식에 대한 서로의 이해가 다르기 때문이었습니다. 저는 무엇을 먹는가에 별로 관심이 없습니다. 음식 맛을 잘 모릅니다. 그래서 배가 고프지 않으면 되지 무엇을 먹는가는 중요 관심사가 아닙니다. 그리고 가장 싫어하는 것 중 하나가 호박입니다. 그날 아내의 행동은 배고픈 상황에서 제가 가장 싫어하는 것으로 반찬을 준비하기 위해 시간을 끄는 것이었고 그것은 저를 화나게 만들었습니다. 아내는 최선을 다해 준비했지만 그것이 당사자인 저에게는 화나는 결과를 가져온 것입니다. 음식에 대한 아내와 저의 차이가 만들어낸 일이었습니다.

아내는 무엇을 먹는가가 아주 중요합니다. 반찬이 무엇인지, 음식의 내용과 질의 중요성을 강조하는 미식가입니다. 그러나 저는 무엇을 먹는가보다 누구와 먹는가가 중요하고 배가 고프지 않으면 된다는 것이 음식에 대한 기본 입장입니다. 이런 차이는 서로를 존중해 줘야만 풀리는 문제입니다.

비 오는 날 우산을 쓰고 맛있는 집을 찾아 점심을 먹고 와야 하는 날이 있었습니다. 아내를 위해 동행해 주었지만 제 머리로는 이해가 되지 않았습니다. 저에게는 비 오는 날이면 집에서 먹는 라면 한 그릇이 최고의 만찬이기 때문입니다. 때문에 비 오는 날 우산을 쓰고 오직 먹기 위해 맛집을 찾는 행동은 도저히 이해가 되지 않습니다. 그래도 동행합니다. 서로 다르다는 것을 알기 때문입니다. 이것이 제 입장에서 본 이야기라면 아내의 입장에서도 남편을 바라볼 때 이해되지 않지만 받아줘야 할 속 터지는 일들이 수도 없이 많을 것이라고 미루어 짐작해 봅니다. 서로 다른 것을 인식하고 최대한 존중하고자 힘쓸 때 가정의 행복이 지켜집니다.

서로 다르다는 것을 알기 위해서는 먼저 자신을 알아야 합니다. 대부분 남을 돕는다고 말하면서 문제를 일으키는 사람은 자신을 몰라서 그렇습니다. 자신을 먼저 이해하고 자신을 먼저 알아야 합니다. 남을 돕기 위해 상담 공부를 하는 분들 대부분은 상담기법을 배우는 과정에서 자가진단과 자기치료를 경험합니다. 자신의 문제가 무엇인지 정확하게 인지하는 단계를 지나야 비로소 남의 문제를 이해하고 볼 수 있는 눈이 열리는 것입니다.

가정 안에서 행복을 누리려면 자기 자신을 알고 남을 알아야 합니다. 서로 다른 점들을 이해하고 수용할 수 있어야 합니다. 관계의 축복은 자신을 이해하는 것에서부터 출발합니다.

이게 원래 나야

지금 내가 생각하고 행동하는 모든 것은 나의 기질, 성격유형, 그리고 어린 시절의 경험들, 특히 어머니와의 애착관계에서 비롯된 경험 등이 기초가 되어 나타나게 됩니다. 따라서 행복하려면 자신을 알아야 합니다. 자신을 이해하다 보면 남을 이해하고 아는 폭이 넓어집니다. 그리고 여기에서 끝나는 것이 아니라, 좀 더 근본적인 문제로 올라가 하나님께서 사람을 창조하실 때의 우리 모습과 하나님께서 우리에게 누리도록 주셨던 행복이 무엇인지에 대해서도 알아야 합니다.

하나님께서 사람을 만드셨을 때 아담은 완벽한 존재였습니다. 그는 영원히 살 수 있도록 만들어졌습니다. 그의 지혜는 무궁했으며 병들거나 아프지도 않았습니다. 그리고 하나님과 동거하며 행복한 삶을 살았습니다. 일반적으로 하나님을 부정하는 사람들은 우리의 조상이 원숭이라고 합니다. 그리고 더 나아가 파충류나 아메바 같은 것이 진화해 사람이 되었다고 합니다. 아메바가 수천만 년 지나면 사람이 되고, 파충류가 수천만 년 지나면 사람이 된다는 것은 분명 잘못된 이야기입니다. 하나님께서는 처음부터 사람을 사람으로 만드셨습니다. 천 년이 지나도 개구리는 개구리이고, 사람은 사람입니다. 물론 조금씩 변할 수는 있지만 개구리가 사람이 되지는 않습니다.

물리학에 열역학 제2법칙인 엔트로피 법칙이 있습니다. 이 법칙은 모든 자연 과정에서 시간이 지나면 에너지는 항상 소모되며, 새것은 헌것이 되고, 처음에 완전했던 것이 점점 무너져 간다는 법칙입니다. 즉, 처음에는 완전한 새것이었는데 그것이 시간이 지나면서 점점 고물로 변해 가고 없어진다는 뜻입니다.

집을 예로 들어 보면, 처음에는 좋은 집이라도 세월이 지남에 따라 비와 바람 때문에 무너져 내리고 나중에 벽돌도 무너져 내리고 없어지게 됩니다. 그런데 만일 반대로 집을 지으려면 모래를 모아 벽돌을 만들어야 하고, 벽돌을 쌓아 담을 만들고 지붕을 올려야 하는데 이 모든 것은 저절로 되지 않습니다. 완전하게 만들려면 자연스럽게 소모되는 에너지보다 몇백 배의 에너지가 필요합니다. 이 이론은 물리학에서 불변의 법칙으로 통용됩니다.

사람의 경우도 그렇습니다. 아메바가 점점 사람으로 진화한 것이 아니라, 완벽한 아담이 점점 쇠퇴해 간 것입니다. 물론 당시에는 지금처럼 첨단문명이 없었기 때문에 자연 그대로의 모습이었을 것입니다. 그러나 모든 면에서 아담이 지금의 인류보다 더 완벽했습니다.

하나님께서 아담을 지으셨을 때 아담은 영생할 수 있었습니다. 죽지 않고 하나님과 같이 살 수 있는 존재였습니다. 그러나 죄가 들어오고 타락함으로 죽음과 질병이 이 땅에 들어왔습니다. 최초의 인류인 아담과 하와가 경험한 최초의 죽음은 자신들의 죽음이 아니라, 아들 아벨의 죽음이었습니다. 죄로 인해 에덴동산에서 쫓겨난 후 처음으로 겪은 죄의 결과로 인한 고통이었습니다. 죄의 결과로 죽음이 왔습니다.

우리가 이 땅에서 경험하는 모든 고통은 죽음의 하부 개념입니다. 질병, 아픔, 상처 등의 모든 고통은 죽음의 하부 개념이며 죄의 결과입니다. 우리가 하나님 안에서 처음 창조된 모습으로 돌아간다면 우리는 영원히 살게 될 것입니다. 죄로 인해 상실한 영원한 생명을 회복하시기 위해 예수님께서 오신 것입니다.

하나님 안에서 우리의 구원이 완성될 때 우리는 처음 아담의 모습을 회복하게 됩니다. 예수님이 다시 오셔서 우리를 부르실 때에는 부활하신 예수님처럼 다 변화할 것입니다. 이것이 구원의 완성입니다.

행복의 최대의 적

점프를 하면 1m를 뛰어오르는 벼룩이 있었습니다. 그런데 이 벼룩을 병에 가두었습니다. 벼룩은 병 안에서도 예전처럼 뛰어올랐습니다. 하지만 병뚜껑에 부딪쳐 머리가 아팠습니다. 몇 번 시도하다가 나중에는 병뚜껑에 닿지 않게 29cm만 뛰었습니다. 그러던 어느 날 벼룩은 병 밖으로 나왔습니다. 다시 힘껏 뛰어올랐지만 29cm밖에 뛰어오르지 못했습니다. 그래서 이야기를 해주었습니다.

"너는 원래 1m를 뛰도록 창조되었고, 그렇게 뛴 적도 있어."

그러나 벼룩은 그 말을 믿지 않았습니다. 아무리 뛰어도 여전히 29cm였습니다.

죄가 이 땅에 들어온 이후, 우리는 병 속에 잠시 갇혔던 벼룩처럼 창조 때의 모습을 상실하였습니다. 우리의 모습을 상실했을 뿐 아니라, 문화나 환경 그리고 사상을 포함한 모든 면에 죄가 들어가면서 왜곡되고 변형되었습니다. 타락한 세상은 죄가 들어와 하나님을 떠난 상태에 놓인 세상을 말합니다. 우리가 살고 있는 이 세상입니다. 하나님께서 원래 만들어 두셨던 행복이 타락으로 인해 망가지고 상실된 것입니다. 이 땅의 모든 불행은 죄로부터 왔습니다.

죄는 행복의 최대의 적입니다. 죄 문제를 이야기하면 모든 사람이 일단 거부반응을 보입니다. 행복에 관한 책을 쓰면서 죄의 문제를 다루지 않고, 그냥 행동을 고치거나 습관과 생각을 바꾸는 것으로 행복해지는 방법을 제시한다면 더 많은 사람에게 호응을 받을지 모르겠습니다. 그러나 죄를 다루지 않고 행복을 말하는 것은 마치 속이 썩어가고 있는데 겉에다 약을 바르는 행위와도 같습니다. "당신은 행복한 사람"이라고 말하면 기분이 좋고 "당신은 죄인"이라고 하면 기분이 좋지 않은 게 당연합니다.

오랫동안 죄 문제를 다루지 않고 행복을 논할 수 있을까를 연구했지만 그것은 불가능함을 깨달았습니다. 죄가 주는 행복 같은 것이 있기는 합니다. 그것은 쾌락인데 잠깐은 즐겁지만 그 즐거움이 끝없는 파멸로 이끕니다. 약간의 단맛을 제공하고 그 이후에 돌이킬 수 없는 고통을 주는 것이 죄입니다. 그래서 반드시 죄의 문제를 짚고 넘어가야 합니다. 행복을 파괴하는 모든 고통의 근원이 죄이기 때문입니다.

죄란 무엇입니까? 히브리어로 죄는 '과녁에서 벗어났다'는 뜻을 가지고 있습니다. 다시 말하면 원래의 목적과 원래의 기능과 원래의 의미에서 벗어난 상태에 놓인 것을 말합니다. 하나님께서는 우리를 창조하시고 우리가 행복하도록 만들어 두셨습니다. 그런데 죄가 들어온 후 우리는 그 위치를 모두 상실하게 되었습니다. 그리고 모든 것이 왜곡되었습니다. 죄는 하나님과의 관계를 파괴하는 것입니다. 하나님을 떠난 상태입니다. 하나님을 빼놓고 스스로의 행복을 말하고 스스로의 행복을 찾는 것 자체가 죄입니다. 모든 어려움은 하나님과의 분리에서 시작됩니다. 최초의 인간은 하나님과 깊은 사귐을 나눌 수 있는 존재로 만들어졌습니다. 그리고 영생의 가능성도 갖고 있었습니다. 그러나 죄가 들어오면서 이 관계가 파괴되었습니다. 죄는 지금도 관계를 파괴합니다. 사람들 사이에서도 죄를 지으면 관계가 서먹해집니다. 죄는 관계를 파괴하고, 양심에 괴로움을 가져다줍니다.

살다 보면 자기도 모르게 사람들에게 변명을 할 때가 있습니다. 사람들에게 들킨 일들에 대해서도 변명하지만, 어떤 때는 아무도 본 적 없는 사건에 대해서도 '이 일은 이래서 그런 거야'라는 식으로 혼자 자기 변명을 늘어놓기도 합니다. 무의식중에 변명하고, 다른 사람들에게 변명을 통해 이해받기 원하는 것은 죄에 대한 용서가 필요하다는 것을 우리 스스로가 인식하고 있기 때문입니다. 나의 행위를 괜찮다고 말해 줄 사람, 죄를 용서해 줄 사람이 필요하다는 것을 알기 때문입니다. 그래서 서구의 상담가들은 죄의식을 없애주는 것을 상담의 한 부분으로 활용합니다. 상담가들은 옳고 그름을 떠나 죄의식을 느끼지 않는다면 괜찮다고 말합니다. 그러나 그것은 미봉책일 뿐입니다. 죄를 용서하실 분은 오직 하나님밖에 없기에 하나님과의 관계에서 풀어야 할 문제입니다. 참 평안은 하나님과의 관계에서만 옵니다.

우리가 이 땅에서 경험하는 모든 상실의 원인은 죄입니다. 우리의 행복을 앗아가며 불행하다고 느끼게 하는 모든 것의 원인은 죄로부터 왔습니다. 죄를 지으면 행복하지 않습니다. 무엇보다도 하나님과의 관계가 단절되며 사람 간에도 평안을 잃게 됩니다. 그리고 죄는 상처가 됩니다. 모든 고통은 죄로부터 옵니다. 오늘 내가 감기에 걸린 것이 어제 지은 죄 때문이라고 말한다면 그것은 심각하게 잘못된 말입니다. 그리고 신학적으로도 엄청난 문제를 야기할 수 있습니다.

오늘의 고통이 어제 지은 죄의 결과라는 태도는 유대인들에게도 있었던 것 같습니다. 제자들도 날 때부터 소경이 된 사람을 보고

"이 사람이 소경 된 것이 누구의 죄 때문입니까? 부모님 때문입니까? 아니면 자신의 죄 때문입니까?" 하고 물었습니다. 우리에게 고통을 주는 원인이 죄 때문인 것을 알았습니다. 그리고 그 고통이 직접적인 부모나 자신의 죄의 결과로 온 문제인지 물은 것입니다. 그러나 예수님은 그가 날 때부터 장애의 고통을 받게 된 것은 부모의 잘못도 아니고 당사자의 잘못도 아니며, 하나님께 영광을 돌리게 되는 기회가 될 것이라고 말씀하셨습니다. 제자들은 고통의 원인이 어디에서 오는가를 규명하고 따지기 좋아했지만 예수님께서는 그 고통이 어떻게 승화되며 어떻게 행복으로 바뀔 수 있는가에 초점을 맞추셨습니다. 예수님 안에서 우리의 불행은 모두 행복으로 바뀌게 됩니다.

타락의 증거들

죄 때문에 세상이 타락했고 그 타락이 우리에게 고통과 불행을 가져다주었습니다. 죄가 가져온 가장 큰 고통과 불행은 죽음입니다. 우리는 사망의 그늘에서 벗어날 수 없게 되었고, 먹고 살기 위해 발버둥치는 유한한 인생이 되었습니다. 우리가 행복해지려면 왜곡된 타락을 넘어서 처음 원래의 창조된 모습으로 돌아가야 합니다. 하나님께서는 우리가 창조 때의 모습으로 되돌아가길 원하십니다. 이것을 구속, 혹은 구원이라고 합니다. 예수님께서 우리를 구원하시는 것은 하나님께서 처음에 우리에게 주신 행복으로 회복시키는 것입니다. 우리가 살고 있는 이 세상은 죄로 인해 타락했기에 고통의 문제와 불행의 문제는 우리의 삶과 함께 계속될 것입니다.

우리가 이 땅에 살면서 결코 잊어서는 안 되는 사실이 있습니다. 그것은 나는 죄인이라는 것입니다. 죄인은 모든 것을 자신에게 유리하게 해석하는 특징을 갖고 있습니다.

즉, 자기중심적으로 해석합니다. 사람은 모든 사건을 자기중심적으로 해석하며, 자신에게 유리하게 해석합니다. 이것은 우리가 죄인이라는 증거입니다. 하나님께서 우리를 처음 만드셨을 때 우리는 하나님을 생각하고, 타인을 먼저 생각하며 사랑하며 살도록 창조되었습니다. 그러나 죄는 왜곡을 가져왔고, 자신만을 먼저 생각하게 했습니다.

죄인과 관련해 두 번째 중요한 사실은 죄의 문제를 해결하지 않고는 결코 행복을 논할 수 없다는 것입니다. 죄와 더불어 누릴 수 있는 행복은 잠시의 쾌락을 가져다주지만 그 순간부터 마음의 평안을 빼앗아 가고, 하나님과의 관계를 단절시키며, 결국에는 그 대가를 지불하는 형벌을 받게 됩니다. 다소 신경에 거슬리더라도 죄에 대해 정확하게 알고, 죄를 극복하는 방법을 알아야 합니다.

죄는 본질을 왜곡시킵니다. 세상이 타락했다는 말은 하나님께서 원래 주신 창조의 기능대로 행하지 않고, 반대로 행하는 것을 말합니다. 우리 삶과 밀접한 몇 가지 예를 찾아보겠습니다.

우선 언어의 문제입니다. 하나님께서는 찬양하며, 영광을 돌리도록 언어를 주셨습니다. 그리고 이웃을 향하여 생명을 살리고 돕는 기능으로 주셨습니다. 그러나 죄는 이 언어의 기능을 남을 죽이고 파괴하는 기능으로 사용하도록 왜곡시켰습니다. 우리는 남이 잘되도록 격려하고 칭찬을 하려면 참 힘들고 어색합니다. 그러나 타인을 욕하고 저주하며 비난하는 것은 아주 쉽게 합니다. 다른 사람의 단점을 지적하며 그것을 공격하는 일에는 아주 익숙한 것입니다. 많은 경우 사람들이 갖는 마음의 상처는 가까운 사람들로부터 받습니다. 그리고 그 상처의 대부분은 언어 때문입니다. 부모나 가족이 사용하는 언어가 우리의 행복에 얼마나 큰 영향을 주는지 알아야 합니다.

"온순한 혀는 곧 생명나무이지만 패역한 혀는 마음을 상하게 하느니라"(잠 15:4).

이 말씀이 다른 번역에는 "따뜻한 말은 생명의 나무가 되고 가시 돋힌 말은 마음을 상하게 한다"(공동번역)고 되어 있습니다. 언어의 순기능은 남을 살리고 고치고 회복하는 데 있습니다. 그러나 우리는 남을 죽이고 공격하는 데 혀를 자주 사용합니다.

언젠가 신문에서 80세의 할아버지가 부부싸움 도중 할머니를 죽였다는 기사를 본 적이 있습니다. 부부싸움 중 할머니가 할아버지에게 키가 작다고 놀린 것이 끔찍한 결과를 가져온 것입니다. '키가 작다고 말한 것이 사람을 죽일 정도인가? 그것도 거의 몇십 년을 함께 산 부부 아닌가?' 라고 생각할 수도 있습니다. 그러나 미루어 짐작건대 할아버지는 평생토록 신체적인 열등감 속에 살았을 것입니다. 그리고 할머니는 무슨 말을 하면 이 할아버지를 가장 아프게 하는지 알았을 것입니다. 그리고 불행하게도 그날 부부싸움에서 할머니는 가장 할아버지의 속을 뒤집을 만한 말을 했고, 할아버지의 분노는 이성을 잃게 하여 불행한 결과를 초래한 것입니다. 한 번의 실수가 평생을 살아온 부부에게 엄청난 결과를 가져왔습니다. 우리는 본능적으로 어떤 말을 하면 저 사람의 속을 뒤집어 놓을 수 있는지 압니다. 그리고 결국 그 말은 상대의 마음속에 십 년, 이십 년, 아니 평생토록 지워지지 않고 남아 있는 경우를 보게 됩니다.

언어가 하나님 안에서 순기능으로 회복된다면, 우리는 예전에 경험하지 못한 행복을 누릴 수 있습니다. 자녀들과 주위에 있는 많은 분들이 그토록 기다리는 말은 아픈 곳을 강하게 지적해 주는 말이 아니라 세워 주고, 격려해 주며, 사랑해 주는 따뜻한 말 한마디입니다. 이 말 한마디가 행복을 만듭니다. 그러나 좋은 말을 하는 것이 쉽지 않은 것은 말이 생각의 표현이며, 인격 자체이기 때문입니다. 우리의 인격이 그리스도 안에서 거룩해지지 않고, 거듭나지 않으면 독한 말을 내뱉을 수밖에 없습니다. 평생 언어의 실수를 안 할 수는 없습니다. 그러나 그리스도 안에서 구속을 경험한 백성들은 이전과는 비교할 수 없을 정도의 변화된 언어로 행복을 만들어 나갈 수 있을 것입니다.

우리가 살고 있는 문화 역시 창조주의 의도에서 왜곡되어 있습니다. 왜곡된 대표적인 문화가 성(性)문화입니다. 창조주께서 우리에게 주신 것들을 순리대로 사용하면 좋은데 그것을 역리로 사용하면서 모든 문제가 발생하게 되었습니다.

하나님께서는 남자와 여자를 만드시고, 부부를 이루도록 하셨습니다. 그런데 지금 이 시대는 동성애가 중요한 이슈로 떠올랐습니다. 아직 한국은 이 문제에 대해 보수적인 입장을 견지하지만 일부 국가에서는 동성애 부부의 결혼을 합법화하고 있습니다. 동성애를 지지하는 분들의 주장은 소수 성애자들의 인권도 보호되어야 한다는 것과 성에 관한 것은 자기 결정권에 해당되는 것이며, 두 사람이 좋아서 하는 은밀한 행위는 타인에게 직접적인 피해를 주는 것이 아니므로 관여해서는 안 된다는 것입니다. 미국에서는 동성애 목회자까지 나오고 있고, 남성으로 성전환한 여성이 아기를 갖는 것도 뉴스거리가 되고 있습니다.

모두 나름대로의 사연이 있을 것입니다. 그러나 분명한 것은 순리를 거스르는 모든 행위들은 죄의 결과라는 것입니다. 그리고 역리로 행하는 것에는 반드시 거기에 따른 부작용이 나타나게 됩니다. 하나님께서 남성과 여성으로 만들어 주신 원래의 기능을 따라 사는 것이 가장 아름답습니다.

　하나님께서 우리에게 성을 주신 것은 부부 안에서 사랑의 영속성(永續性)을 누려가도록 하시기 위함입니다. 사랑하는 두 사람이 결혼을 통해 부부가 되고 부부로서 서로의 사랑을 깊이 알아가도록 주신 것입니다. 그런데 타락한 세상은 하나님의 원래의 목적을 왜곡시킵니다. 성의 하나 됨을 무시하고 즐거움이라는 부분만 빼내어 상업화합니다. 이것이 포르노물을 만들어냈으며, 술집을 양산했고, 인신매매와 성매매 산업이 모든 자본주의 문화 속에 깊이 자리 잡게 되었습니다.

　생명에 관한 문제도 마찬가지입니다. 하나님께서 가장 소중히 여기시는 것이 생명입니다. 그러나 사람들은 자신의 이익을 위해 다른 사람의 생명을 경히 여깁니다. 생명을 하나님이 주신 고귀한 것으로 인정하는 것이 아니라 아메바가 원숭이가 되고, 원숭이가 사람이 되는 과정의 하나로 여깁니다. 그래서 태중에 있는 생명을 죽이는 것을 너무 쉽게 생각합니다. 세상은 돈이 되면, 자신에게 유익하기만 하면 다른 사람의 생명을 쉽게 죽이고, 빼앗는 일들을 서슴지 않습니다. 어떤 나라에서는 장애인을 잡아서 눈과 장기를 빼내고 다시 돌려보낸 일이 있었습니다. 남의 눈을 뽑아 돈벌이에 이용하려는 악한 마음은 타락한 인간의 전형적인 모습입니다.

　생명뿐만 아니라, 성경에서 말씀하는 영생에 대해서도 세상은 왜곡을 시도하고 있습니다. 태초에 하나님께서는 우리를 영원히 살 수 있는 존재로 만드셨습니다. 그리고 예수님을 통해 영생을 얻을 수 있는 길을 열어 두셨습니다. 그러나 타락한 세상은 하나님을 떠나려고 하며, 하나님 없이 무엇인가를 이루고자 합니다. 그러면서 과학의 힘으로도 영생을 할 수 있다고 합니다.

　모든 것은 하나님께서 주신 자연 그대로 순복할 때 가장 아름답습니다. 난치병 치료를 위해 복제 기술이 필요하다는 주장도 있습니다. 하나님께서 허락하신 범위 내에서의 연구는 아름답지만 금지하는 부분에 대한 지나친 접근은 당장은 인류에게 득이 되는 듯 보일지라도 그 참담한 결과는 아무도 모릅니다.

　하나님은 에덴에 생명을 알게 하는 나무를 두셨습니다. 그리고 사람들이 그곳에 들어오는 것을 막기 위해 천사들을 동원하여 불칼로 지키게 하셨습니다(창 3:24). 사람이 생명의 근원과 영생의 문제를 해결하기 위해 생명나무로 다가가도 절대 풀 수 없습니다. 왜냐하면 하나님이 그것을 막으셨기 때문입니다. 생명은 하나님이 주신 것이며, 하나님이 다루시는 소중한 것이기 때문입니다.

　죄가 모든 창조의 순리를 역리로 바꾼 예는 이 외에도 얼마든지 많습니다. 산업혁명과 개발은 환경파괴와 환경오염의 결과를 가져왔고, 그 대가를 후손들이 치르고 있습니다. 풀을 먹어야 할 소에게 육식성 사료를 공급하여 광우병이 생겼고, 생산량 확대라는 미명하에 개발된 유전자 조작 식물들도 앞으로 어떤 재앙을 가져올지 아무도 모릅니다. 분명한 것은 순리를 거스르면 반드시 거기에 해당되는 저항을 받게 된다는 것입니다. 이 저항들이 바로 타락이 주는 결과입니다.

또한 행복하려면 이단에 빠지지 말아야 합니다. 행복을 이야기하다가 뜬금없이 웬 이단문제인가 의아해할 수도 있을 것입니다. 죄가 순리를 역리로 바꾸고, 본질을 왜곡시키는 것이라면, 이단은 하나님과 구원자이신 예수님을 교묘하게 왜곡시키는 단체입니다. 하나님에 대해 본질을 왜곡시키는 이 시대의 사상적 조류로는 구원이 여러 곳에 있다는 다원주의 사상입니다. 모든 종교에 구원이 있다는 종교 다원주의 사상은 하나님 중심의 생각이 아니라, 인간 중심인 인본주의(人本主義)에서 나온 것입니다.

다른 종교인들과 친목하기 위해서나 봉사활동을 위해 함께할 수는 있습니다. 그들과 함께 동네 청소도 할 수 있고, 스포츠도 함께 할 수 있습니다. 그러나 구원의 문제는 다릅니다. 우리를 죄에서 구원하기 위해 이 땅에 오신 유일한 분은 예수 그리스도이십니다. 예수님을 알지 못하는 사람들은 신앙을 하나의 문화활동으로 이해합니다. 그래서 모든 종교는 하나이며 모든 종교에 구원이 있다고 말하는 것이 더 합리적이라고 생각합니다. 그리고 예수님만 진리라고 말하면 꽉 막힌 골통 그리스도인이라고 폄하합니다. 신앙은 우리의 생각과 편의로 결정되는 것이 아닙니다. 복음을 깊이 알지 못하는 경우나 인본주의 성향으로 종교를 하나의 문화활동 정도로 이해하는 사람들에게는 종교 다원주의 사상이 설득력 있게 들리기도 할 것입니다. 그러나 그것은 본질에 다가가지 못하도록 하는 교묘한 왜곡일 뿐입니다.

사람들이 이단에 빠지는 근본적인 이유는 예수님이 나의 구원자이시라는 구원의 확신이 없기 때문입니다. 기독교는 예수님을 하나님으로 믿습니다. 그리고 예수님을 우리 삶의 구원자로 믿습니다. 그러나 이단에게 있어서 예수님은 구원자가 아닙니다. 예수님은 하나님도 아닙니다. 예수님은 이단의 교주나 그들의 교리를 교묘하게 포장하기 위한 하나의 수단일 뿐입니다. 처음에는 복음을 이야기하는 것 같고, 처음에는 예수님을 이야기하는 것 같지만 교묘하게 예수님 자리에 다른 것을 갖다 놓습니다. 자신들의 독특한 말도 안 되는 성경해석 방법을 통해 결국 자신들의 교주가 예수님을 대신하는 사람이라고 속입니다.

"예수님은 나의 인생에 있어 누구신가?" 그리고 "나는 무엇을 믿고 있는가?"는 인생의 가장 중요한 근본을 형성합니다. 그런데 이단은 이 근본적인 진리를 교묘하게 변질시키고 왜곡시킵니다. 이단에 빠지면 패가망신합니다. 간혹 이단에 있다가 돌아와서 하나님 앞에 아름답게 쓰임받는 분들도 계시지만 그동안 빼앗겼던 시간과 물질과 오염되었던 영적 상황들을 생각한다면 하지 말아야 할 고생을 한 것입니다.

이단에 빠지지 않기 위해서는 반드시 예수님이 나의 구원자이시라는 구원의 확신과 더불어 올바른 성경해석 방법을 배워야 합니다. 올바른 성경해석 방법을 배우게 되면 이단들의 잘못된 성경해석 방식을 이해하게 되고, 절대 이단의 미혹에 빠지지 않게 됩니다. 죄는 모든 것을 왜곡시킵니다. 이단은 예수 그리스도와 복음과 구원을 왜곡시킵니다. 주님께서 가르쳐 주신 기도처럼 "시험에 들게 하지 마옵시고 다만 악에서 구하옵소서"라는 기도가 절대적으로 필요한 시기입니다. 절대 이단에 빠져서는 안 됩니다.

우리가 꿈꾸는 또 다른 행복

청년부에서 성경공부를 가르칠 때였습니다. 하나님의 은혜와 믿음으로 구원을 받는 것에 대해 배웠습니다. 그리고 우리가 가는 구원의 길이 좁은 길이며, 그 길을 찾는 사람이 적다는 말씀도 배웠습니다. 예수님을 믿는다는 것은 죄를 멀리하며 사는 것이기 때문에 당장은 나의 많은 자유와 즐거움을 제한하는 것으로 여겨집니다. 그래서 사람들은 불편을 느낍니다. 그리스도인으로 사는 것이 어떤 것인지에 대한 공부를 진행하던 중 한 형제가 심각한 얼굴을 하며 질문했습니다.

"목사님, 다른 길은 없습니까?"

멸망으로 가는 길은 넓고 큰 길이며, 구원으로 가는 길은 좁고 힘든 길이라고 말한 것에 대해, 구원으로 가는 크고 넓은 길은 없냐는 질문이었습니다. 구원은 받고 싶은데 적당히 즐길 것은 즐기면서 구원받는 길은 없냐는 질문이었습니다.

이 질문은 우리 모두에게 있습니다. "우리가 불편하게 여기는 죄의 문제를 다루지 않고 행복할 수 있는 방법은 없습니까?", "죄를 적당히 지으면서 행복과 즐거움을 누릴 수 있는 방법은 없습니까?", "예수님을 이야기하지 않고 누릴 수 있는 행복은 없습니까?" 등 이 질문에 대한 답을 이루기 위해 등장한 것들이 바로 지금 이 세상에 양산된 향락사업과 타락문화입니다. 자기 절제와 하나님의 말씀 앞에서 자신을 돌아보는 시간들을 빼고, 좋다고 생각되는 쾌락과 즐거움만을 모아둔 결과가 타락한 문화입니다.

결혼에서 자녀양육과 배우자에 대한 의무 등의 부담감을 빼고 나머지만 가지면 행복할 것이라고 생각해 만든 것이 동거문화입니다. 그러나 동거가 결혼보다 행복하다는 통계는 그 어디에도 없습니다. 남에게 피해를 덜 주는 죄의 즐거움을 누리는 것도 문제가 되냐고 물을 수 있습니다. 그러나 이러한 모든 시도들의 결국은 상처와 고통을 지나 죽음에 이르게 됩니다. 하나님이 원하시는 방법이 아닌 다른 방법으로 추구하는 행복은 일단 마음의 평안을 잃게 합니다. 양심의 소리에 가책을 받게 됩니다. 설령 독한 마음으로 양심의 가책을 누르더라도 동료와 사회로부터 비난을 받게 됩니다. 그것도 잘 넘어간다 해도 결국 우리 인생을 심판하시는 하나님 앞에서 그 모든 것에 대한 책임을 져야 합니다. 아직 하나님을 깊이 알지 못하고 잘 알지 못하는 분이라고 하더라도, 죄를 짓지 않고 착하고 바르게 사는 것이 행복을 결정한다는 것을 기억해야 합니다. 그리고 인간은 우리를 만드신 하나님 안에서만 참된 행복을 누릴 수 있음을 잊지 말아야 합니다.

자신이 누군지 알아야 합니다. 우리는 하나님이 행복하도록 만드셨으나, 행복을 상실한 채 죄로 인해 고통의 구조 속에서 살고 있는 존재입니다. 그리고 행복으로 돌아가야 하며, 행복으로 돌아가기 위해 예수님의 도움이 필요한 존재입니다. 우리 인생의 시작은 예수님을 만나는 것에서부터 시작됩니다.

행복으로의 복귀

행복을 이야기하면서 죄 문제나 하나님에 대해 논하면 우리의 삶과는 거리가 너무 먼 것처럼 여겨질 수도 있습니다. 그러나 참된 행복은 근본적인 문제를 해결해야만 누릴 수 있습니다. 우리가 경험하는 이 세상의 다양한 양상들은 모두 근본적인 뿌리에서 올라오는 문제들이기 때문입니다.

죄는 태초에 인간을 만드시고 행복하게 살도록 해주신 하나님과의 관계가 파괴되는 것을 말합니다. 파괴된 하나님과의 관계는 사람들 간의 불편으로 연결됩니다. 관계의 파괴와 관계의 불편은 곧바로 마음의 평안을 상실하게 합니다. 이 세상의 모든 좋은 것을 누린다고 해도 마음의 평안을 소유하지 못한다면 지옥이나 다름없을 것입니다. 가정도 평안하려면 부부간에, 그리고 자녀와 부모 간에 관계의 문제가 없어야 합니다. 관계에 불편이 생기면 곧바로 평안이 침해를 받게 됩니다.

모든 관계 속에 나타나는 평안의 기초는 하나님과의 관계에서 시작됩니다. 하나님과의 관계가 불편해지면 마음에 평안이 사라집니다. 하나님과의 관계를 파괴하는 것은 죄입니다. 하나님의 존재를 인정하지 않거나 하나님을 잘 모르는 사람들도 죄를 짓거나 잘못된 일을 행할 때 양심을 통해 불편을 느낍니다. 물론 강하게 자신을 통제해 양심이 주는 불편이 없는 듯 무시하며 살 수 있을지도 모르지만 근본적으로 그의 마음에는 평화가 깃들 수 없습니다.

죄는 평화를 빼앗아갑니다. 행복은 마음에서 출발하며 마음이 안정된 상태가 행복의 기초가 됩니다. 그러나 죄는 행복의 기초가 되는 평안을 앗아갑니다. 관계의 파괴를 가져오며, 하나님과의 불편한 관계를 만듭니다. 그 순간부터 모든 것이 엉망이 되고 맙니다. 마음의 평안을 누리려면 자기 스스로 떳떳하지 못한 일을 하지 말아야 합니다. 더 나아가 성경이 말씀하는, 하나님께서 하지 말라는 것 하지 말고, 하라는 것 열심히 하면 됩니다. 그렇게 하나님과의 관계가 잘 연결되면 모든 관계가 아름답게 연결되고 평안을 누리게 됩니다.

이야기를 정리해 보겠습니다. 우리는 원래 행복한 존재로 만들어졌습니다. 때문에 우리 모두는 행복할 권리가 있고, 반드시 행복해야만 합니다. 그러나 그 위치를 죄로 인해 상실하게 되었습니다. 지금 우리가 갖는 모든 고통의 문제가 죄의 결과는 아니더라도 거슬러 올라가면 이 땅의 부조리와 아픔과 고통의 원인은 죄에 있으며, 하나님과의 분리로부터 왔습니다. 그래서 우리는 행복하도록 만들어졌지만 행복할 수 없는 구조 속에서 살게 된 것입니다.

지금 이 시점에서 우리가 해야 할 일은 원래의 자리로 돌아가는 것입니다. 그러나 그것이 우리 스스로 할 수 없는 불가항력적인 일이라면 그것을 가능케 하시는 분의 도움을 받아야 합니다. 경제적인 부채가 조금인 사람은 스스로 노력해서 갚으면 됩니다. 스스로 갚더라도 갚아가는 기간 동안에는 고난이 동반될 것입니다. 그래도 갚을 수 있다는 희망으로 근근이 살아갈 수는 있습니다. 그러나 평생을 노력해도 다 갚을 수 없는 부채를 안고 있는 사람은 별다른 선택이 없습니다. 그 부채로 인해 목숨이 다하는 날까지 고통 속에서 지내야 합니다. 그에게는 자신의 부채를 다 갚아 줄 수 있는 재력가를 만나고 그 재력가로부터 은혜를 입는 행운을 누리는 것 외에 달리 기대할 만한 일이 없습니다. 그런데 어느 날, 귀를 의심케 할 정도로 아무런 조건 없이, 사랑한다는 이유 하나만으로 모든 부채를 탕감해 주겠다는 분을 만나게 됩니다. 정말 꿈같은 이야기가 현실이 되었습니다. 처음에는 그분이 왜 이렇게 하는가에 대한 의심도 들고, 정말 나를 사랑하는가에 대한 의심도 듭니다. 그러나 그분이 누군지 점차 알게 되면서 그분을 신뢰하게 됩니다. 이 이야기는 마치 구원을 준비해 두신 하나님과 우리 인생의 문제와 유사합니다.

죄는 우리 스스로 해결할 수 있는 문제가 아닙니다. 이 말은 죄로 인해 파생되는 고통과 죽음 역시 우리 스스로 통제할 수 없다는 말과 같습니다. 우리를 행복의 자리로 되돌리시기 위해, 우리가 감당할 수 없는 죄의 문제를 해결해 주시기 위해 오신 분이 예수님입니다. 그분에게는 그런 힘과 능력이 있습니다. 그래서 고통의 문제로부터 우리를 해방시켜 주시고 참된 행복으로 나가게 길을 열어 주셨습니다.

예수님을 영접하는 것은 쉽고 간단합니다. 죄의 문제를 나 스스로 해결할 수 없다는 것을 인정하고, 예수님께서 이미 도와주시고자 만들어 놓으신 구원을 믿음으로 받아들이면 됩니다.

믿음이 마음에 생기는 것은 내 의지로 되는 것이 아닙니다. 그것도 하나님의 선물입니다. 지금까지 살아오면서 제 생애에서 가장 불가사의한 일 두 가지를 꼽으라면 예수님께서 저를 구원하시기 위해 죽으셨다는 사실 하나와 그 사실이 제 삶에서 전인격적으로 믿어진다는 사실입니다.

구원받은 자의 행복

예수 그리스도 안에서 구원을 받았다는 말은 인생의 가장 근본적인 죄와 죽음의 문제가 해결되었다는 말과 같습니다. 근본적인 문제가 해결되었다는 말은 근본에서 파생되는 모든 문제도 해결된다는 이야기입니다. 우리는 평소 죽음과 영생의 문제가 나의 삶과 멀리 떨어져 있는 듯 여깁니다. 그리고 이 문제에 대해 큰 관심을 갖지 않습니다. 그러다 가끔 인생의 어려운 일을 만나거나 타인들의 죽음을 통해 자신의 죽음과 생명에 대해서 생각해 보게 됩니다. 우리 모두는 생존을 위해서 삽니다. 약간이라도 생명을 연장하고 더 누리기 위해 애를 씁니다. 예수님 밖에 있는 모든 사람들은 죽음이 인생의 끝이라고 생각합니다. 그러니 죽음은 절망 그 자체가 됩니다.

예수님을 믿고 영생을 소유한 저도 죽음을 생각하면 조금 서글퍼집니다. 유언장을 작성할 때 남아 있을 가족들을 생각하면 마음에 서글픔이 밀려오는 것을 느낍니다. 죽음의 강을 건너는 것은 누구에게나 쉬운 문제가 아닙니다. 목사로서 장례식에 종종 참석하게 됩니다. 거기서 유족들의 울음소리를 들으면 예수님을 믿는 사람인지, 그렇지 않은 사람인지 구별이 됩니다. 잠시의 이별로 인해 슬퍼하는 울음소리와 아무런 소망 없이 끝을 만난 사람의 통곡소리는 다릅니다. 영생의 소망을 가진 사람에게도 죽음이 서글프게 여겨지지만, 그렇지 못한 사람들에게 죽음은 엄청난 힘을 가지고 있습니다. 구원과 영원한 생명에 대한 확신과 소망을 가진 사람은 이 세상에서 차원이 다르게 살아갑니다.

예수님 때문에 다르게 살아간 사람들의 이야기는 참 많습니다. 이들은 세상이 주는 잠시의 즐거움보다 주님께서 준비하신 영생을 선택했습니다.

영화 〈타이타닉〉에는 가라앉는 배 위에서 바이올린을 연주하는 감동적인 장면이 나옵니다. 배가 난파되어 도망가기에 긴박한 상황 중에 바이올린을 연주하는 분들의 모습이 화면에 처음 등장할 때는 관객들이 모두 비웃습니다. 물이 연주자의 발까지 차오르자 당황하면서 연주하는 모습은 마치 웃기는 장면을 삽입한 것처럼 보입니다. 그리고 연주자들은 조금 모자라는 사람들처럼 보입니다. 그러나 한 곡이 끝나고 구명정을 포기한 채 배에 남아 그곳에서 방황하는 사람들을 위해 "내 주를 가까이 하게 함은" 찬송가를 연주하는 소리가 울려 퍼지자 사람들은 감동합니다. 죽음을 두려워하지 않고 마지막 순간에 다른 사람들에게 평안을 주기 위해 찬송가를 연주하며 자신의 목숨을 배와 함께했던 그분은 월레스 하틀리(Wallace Hartley) 선교사라는 실존 인물입니다. 영화에는 나오지 않았지만 당시 배가 부서지고 구명정이 모자랄 때 "오늘 저와 함께 천국에 갈 수 있는 구원의 확신이 있는 분들은 내리십시오"라고 말하면서 자신의 자리를 양보한 선교사도 있었다고 합니다. 죽음의 자리에서 타인을 위해 예수님처럼 그 자리를 내어 주신 분들입니다. 이처럼 영생을 소유하면 이 땅에 살지만 다르게 살게 됩니다.

근본적인 문제가 해결되면 부수적인 문제는 저절로 해결됩니다. 행복을 저해하는 고통과 고난에 대한 문제에 대해서도 견뎌내는 힘이나 바라보는 태도가 달라집니다. 무엇보다도 예수님을 닮는 것을 인생 최우선의 목표로 두고 사는 사람들은 이 땅에서도 행복을 누립니다. 모두 부자가 된다거나 건강해진다거나 세상 사람들이 말하는 것처럼 잘된다는 의미는 아닙니다. 그러나 분명한 것은 부와 가난이 삶의 본질이 아니라, 그것들을 충분히 다룰 수 있는 인격과 능력을 갖게 될 때 내 속에 주어진 행복을 더 누릴 수 있다는 것입니다.

미국 갤럽조사에 따르면 미국인 중 독실한 그리스도인은 10%도 되지 않는다고 합니다. 우리가 생각하는 만큼 미국에 신실한 그리스도인이 많지는 않습니다. 하지만 이 10% 안에 든 사람들은 행복하고 사회에서 영향력도 높다고 합니다.[1] 이 조사가 말해 주는 핵심은 예수님을 믿으면 이 땅에서도 행복하다는 것입니다. 그리고 믿으려면 제대로 믿어야 한다는 교훈을 줍니다.

예수님을 인생의 주인으로 결정하는 순간 참 많은 것이 변합니다. 성공에 대한 개념도 달라집니다. 분명한 삶의 목적이 생깁니다. 어려운 일을 다룰 수 있는 능력과 힘을 공급받습니다. 예수님의 성품을 닮아 시간이 지날수록 온유한 성품이 나타납니다. 고통과 가난의 문제도 뛰어넘고 심지어 죽음의 문제까지 뛰어넘게 됩니다. 이 세상에 살지만, 다르게 살 수 있는 힘을 얻습니다. 행복은 마음의 문제입니다. 우리의 행복을 방해하는 두려움, 근심, 절망이 예수님 안에서 희망, 긍정적인 태도로 승화됩니다. 그리고 사랑의 결핍으로 인해 오는 관계의 상처들도 치유되고 회복되는 것을 경험하게 됩니다. 예수님을 믿는 것은 인생의 근본적인 문제를 다루는 것입니다.

제가 프리셉트 성경연구원에서 편집장으로 사역할 때였습니다. 어떤 분이 전화를 걸어 자신은 과거에 교회에 다녔던 사람인데, 지금은 모 이단에 다니고 있다고 소개했습니다. 그리고 자신은 그 이단의 교리가 맞는 것 같은데, 그래도 주위에서 이단이라고 하니까 혹시나 하는 마음에 확인해 보려고 전화를 걸었다고 했습니다. 몸담았던 성경연구원이 말씀을 귀납적으로 연구하도록 가르치고 바른 성경해석을 가르친다는 것을 알고, 그곳에 문의하면 성경해석에 대한 해답을 얻을 것이라고 기대했던 것 같습니다. 이단의 가장 큰 오류는 성경해석에서 오기 때문에 바른 성경해석이 무엇인지 알고 싶었던 것입니다.

그분은 수시로 전화를 해서 궁금한 것을 묻기도 하고, 저와 논쟁도 했습니다. 그러면서도 참 인격적이어서 제가 바쁜 것 같으면 간단하게 끊고 다시 전화하기를 반복했습니다. 전화는 몇 년 동안 계속되었습니다. 때로는 정말 다시는 전화하지 말라고 소리를 지르고 끊고 싶은 때도 있었습니다. 인내를 시험하는 것도 아니고, 매번 전화할 때마다 이단 같기도 하고, 아닌 것 같기도 하다는 이야기만 반복했습니다.

그러던 어느 날이었습니다. 그분은 교리에 대한 이야기가 아니라 자신에 대한 이야기를 하기 시작했습니다.

"목사님, 저는 사실 예전에 교회에 다니면서 부서 회장까지 했어요. 그런 제가 교회를 떠나 이곳으로 오게 된 것은 가정문제 때문이에요. 우리 아버지는 어려서부터 제게 참 많은 상처를 주었어요. 엄마 외에 다른 여자와 가정을 꾸리고 살았거든요……."

아버지로부터 받은 상처로 인해 오랫동안 마음이 힘들었고, 그로 인해 정신적인 문제까지 갖게 되었다고 했습니다. 그리고 지금도 가끔 병원에 가서 약을 복용해야 한다고 했습니다. 자신의 삶에 대해 확신을 갖지 못하고, 어디에 정착해야 할지 모르며 방황하는 모습과 계속 저에게 전화를 하는 것이 무관하지 않은 듯했습니다. 그분으로부터 가정에 대한 많은 이야기와 자신이 받은 상처에 대해 많은 이야기를 듣고 전화를 끊었습니다. 그런 사연을 들으면 당사자가 겪었을 많은 상처들이 머릿속에 그려져 마음이 참 무거워집니다. 그런데 그런 생각을 하기도 전에 곧바로 다시 벨이 울렸습니다.

"목사님, 바쁘신데 자꾸 전화드려 죄송해요. 한마디만 더 말씀드리고 끊을게요. 목사님, 제 아버지는 교회의 장로님이셨어요. 이 말을 하고 싶었어요. 안녕히 계세요."

처음보다 더 큰 안타까움이 마음에 남았습니다.

'그랬구나, 그래서 교회를 떠났구나.'

참 마음이 무거웠습니다. 그리고 그분을 더욱더 이해하게 되었습니다. 그날 이후 이전보다 더 전화를 잘 받아 주었고, 병원 치료에 대한 이야기도 나누었습니다. 사람을 사랑하는 방법은 간단합니다. 그 사람이 왜 그렇게 행동하는지 이해하면 저절로 긍휼의 마음이 생기게 됩니다.

  시간이 참 많이 지났습니다. 제가 성경연구원을 그만두고, 분당을 거쳐 서울에서 사역을 하고, 다시 대전으로 내려와 새로남교회에서 사역을 하게 되었으니, 참 오랜 시간이 지난 셈입니다. 그동안 제 핸드폰 번호도 바뀌었습니다. 그런데 교회에서 영적 치유에 대한 강의를 준비하다가 문득 그분이 생각났습니다.

  '잘 지내고 있을까? 무소식이 희소식이겠지?'

  이런 생각을 한 다음 날, 신기하게도 그분으로부터 전화가 왔습니다.

  "아니, 어떻게 제 전화번호를 아셨어요?"

  너무 반가웠습니다. 아마도 여기저기 물어본 것 같았습니다.

  "목사님, 그때 제가 목사님께 참 많은 실례를 한 것 같아요. 사과를 드리고 싶어요."

  목소리가 예전 같지 않고 참 밝았습니다. 그리고 처음으로 그분의 입에서 사과의 말이 나온 것도 신기했습니다. 그런데 그분의 입에서 더 놀라운 말들이 나왔습니다.

  "목사님, 저 구원받았어요."

  서울에서 통화할 때 이단은 거의 정리했지만 자신의 신앙에 대해서는 여전히 흔들리는 상태였습니다. 그런데 자신이 구원받았다고 당당하게 말을 한 것입니다.

  "목사님, 로마서 8장을 완전히 이해했어요. 그 어떤 것도 하나님의 사랑을 끊을 수 없다는 것을 알았어요. 저는 하나님의 자녀이고, 구원받은 백성이며, 저의 구원은 그 어떤 것도 끊을 수 없고 흔들 수도 없다는 것을 알았어요. 목사님께 너무 고마워서 이 말씀을 드리려고 전화했어요."

너무 기뻤습니다. 로마서 8장에 나오는, 아무것도 끊을 수 없는 그리스도의 사랑과 확실한 구원을 믿으며 마음으로 받아들인 것입니다. 저는 그분께 건강에 대해 물었습니다.

"혹시, 건강은 어떠세요? 좀 좋아졌나요?"

"목사님, 이제 그건 중요하지 않아요. 예전에 전 제 병을 숨기려 하고, 또 재발하면 어쩌나 늘 걱정했는데, 이제는 재발하든 다시 병원에 실려가든 중요하지 않아요. 저는 하나님 안에서 구원받았고, 하나님은 저를 사랑하시고, 제 병이나 연약함도 하나님의 사랑을 끊을 수 없다는 것을 알았어요."

그분의 대답은 명확하고 확고했습니다. 평생을 괴롭혀 오던 문제들이 더 이상 문제가 될 수 없다는 것을 확신한 것입니다. 이 놀라운 고백을 듣게 하시려고 하나님께서 그토록 오랜만에 연락이 되게 하셨는지도 모른다는 생각에 마음으로부터 깊은 감사가 흘러넘쳤습니다. 이 땅에서 행복을 경험하려면 예수님을 믿는 믿음으로 구원받아야 합니다.

행복은 내가 누구인지를 정확하게 아는 것에서부터 시작합니다. 기질, 성격, 능력, 건강상태, 부모님과의 관계를 통한 가계도 등 알 수 있는 것을 최대한 알고 있어야 합니다. 나의 연약함과 강점이 무엇인지 알아야 합니다. 그리고 나와 관련된 사람들의 기질과 성격 등이 나와 어떻게 다른지 잘 알아야 합니다. 그리고 보다 더 근본적으로 하나님 앞에서 내가 누구인지 알아야 합니다. 우리는 하나님 앞에서 벌을 받을 수밖에 없는 죄인입니다. 동시에 하나님의 긍휼하심과 사랑을 받는, 구원받은 존재입니다. 구원받은 이후에도 죄의 문제는 끝없이 나의 행복을 방해하고 행복이 다른 곳에 있다고 유혹하기를 계속합니다. 그러므로 예수님을 영접함으로 근본적으로 죄 용서함을 받아야 하며, 그 이후 죄와의 전쟁을 계속해 가야 합니다.

우리는 하나님의 은혜와 사랑 없이는 행복할 수 없는 존재임을 잊지 말아야 합니다. 그래서 이 땅에서 살아갈 때, 행복에 대해 생각할 때 반드시 하나님으로부터 온 생각인지, 죄와 나의 육체로부터 온 생각인지를 구별하며 우리의 전심을 하나님께 향해야 합니다.

사랑받고 사랑하라

아름다운 모습

이 세상에서 볼 수 있는 가장 아름다운 그림은 서로를 아껴주며 사랑하는 모습입니다. 잠자는 아기를 바라보는 엄마의 시선 속에서 행복을 느낍니다. 추운 겨울날 길모퉁이에서 연인을 기다리는 젊은 형제, 자매들의 모습도 아름답습니다. 사랑하는 누군가를 기다리는 모습과 만나서 재잘거리며 총총히 걸어가는 뒷모습이 얼마나 아름다운지요.

놀이동산에서 아이를 목말 태우고 한 손에는 풍선을 든 아버지의 모습도 아름답습니다. 딸을 배웅하러 기차역으로 나온 노년의 아버지와 딸의 모습도 아름답습니다. 약간은 어색하게 서 있는 아버지와 들어가도 된다며 독촉하는 딸의 모습을 보고 있노라면 사랑이 느껴집니다. 땅거미가 지는 저녁에 다정히 손잡고 산책로를 걷는 노부부의 모습도 참 아름답습니다. 당사자들도 행복하겠지만 서로를 사랑하는 모습은 보는 사람으로 하여금 행복을 느끼게 합니다. 사랑은 행복을 여는 가장 중요한 열쇠입니다.

이 땅을 살아가면서 가장 많은 행복을 느끼며, 사랑을 나누는 곳이 바로 가정입니다. 가정과 교회는 하나님께서 이 땅에서 하나님의 나라를 경험할 수 있도록 주신 중요한 장소입니다. 가정과 교회가 순기능을 바르게 한다면 하나님이 계신 천국이 어떤 곳인지 우리는 느끼며 배울 수 있습니다. 그러나 불행하게도 많은 가정이 축복과 행복의 장소가 아니라, 상처를 만드는 곳이 되어버렸습니다. 행복하려면 가정이 건강해야 합니다.

그리스도 안에서 구원을 받아 왜곡된 세계관과 가치관이 변화되어 새롭게 되었다면, 그 변화가 가장 먼저 나타나야 할 곳이 가정입니다. 가정에서 하나님의 사랑이 얼마나 자주 그리고 충만하게 나타나며 실현되는가가 행복을 만드는 척도입니다. 성경은 서로 사랑하라고 가르치며 사랑이 우리 행복의 가장 중요한 기초가 됨을 말씀해 줍니다. 또한 사랑 그 자체이신 하나님의 사랑이 무엇인지도 말씀해 주고 있습니다. 많은 사람이 사랑하라는 말은 알지만 어떻게 하는 것이 사랑하는 것인지를 모르는 경우가 많습니다. 우리는 사랑하는 법을 배워야 합니다.

사랑은 행복을 여는 핵심 열쇠이며, 그 사랑이 실현되는 곳이 가정이란 사실을 꼭 기억해야 합니다. 세상 일에 실패하더라도 좋은 아버지, 혹은 좋은 어머니가 되는 것, 좋은 가족 구성원이 되는 것에는 실패하면 안 됩니다. 가정에서 실패하면 모든 것을 다 잃게 됩니다. 이 시대가 짊어진 가장 중요한 임무는 가정 회복입니다. 사랑의 회복을 통해 하나님의 나라를 가정에서 경험하게 해야 합니다.

왜곡된 사랑

앞에서 우리는 죄가 모든 것을 왜곡시켰으며, 예수 그리스도 안에서 모든 것이 바르게 회복된다는 것을 살펴보았습니다. 죄가 왜곡시키는 것 중에는 우리가 살아가면서 가장 소중히 여기는 사랑도 포함되어 있습니다. 죄는 사랑조차도 변형시키고 파괴시켰습니다. 사랑에도 함정이 있고, 파괴를 가져오는 세속적인 사랑도 있습니다.

사랑의 역기능에 상호의존성(Co-dependency)이라는 것이 있는데, 비정상적인 부분이 서로에게 공감을 불러일으켜 서로를 비정상적으로 사랑하게 되는 것을 말합니다. 이런 관계는 종종 영화의 소재가 되곤 합니다. 한 영화에서는 아들에 대한 지나친 집착과 사랑이 며느리를 죽이게 하는 시어머니의 비정상적인 사랑과 그 사랑에 길들여진 아들을 그렸습니다. 이런 현상은 영화뿐 아니라, 우리 주변에서도 가끔 볼 수 있습니다. 어머니를 향한 아들의 사랑이 아내를 향한 사랑보다 더욱 커서 모든 문제를 어머니와 해결해 아내는 가정에서 영원한 타인으로 남게 되어 가정 안에 큰 갈등이 생깁니다.

상담실을 이용하시는 분들 중 전혀 몰랐던 두 사람이 각기 유사한 문제로 상담한 후 친밀해지는 경우를 보게 됩니다. 본인들은 의식하지 못하지만 자신의 결핍이 서로를 끌어당기는 마력이 됩니다. 그래서 처음에는 서로에게 큰 공감을 느끼며 깊은 사랑에 빠지게 되지만 그리 길지 않은 시간 후에 또 한 번의 아픔을 경험하는 것을 봅니다. 왜곡된 부분의 치유가 완전하지 않을 때는 항상 반복적인 관계의 문제가 일어나는 것입니다.

상호의존적인 사랑 외에도 이기적인 욕심을 기초로 한 사랑이 있는데, 이런 이야기 또한 영화나 신문의 사건과 사고 지면에 자주 등장합니다. 하나님께서 허락하신 순리적인 사랑이 아닌 모든 관계의 사랑은 결국 모두를 파괴하며 파멸로 이끕니다.

편애의 희생자들

가정 안에서 반드시 바로잡아야 할 왜곡된 사랑은 편애입니다. 편애는 사랑이 한쪽으로 기울어 있는 것을 말합니다. 설교시간에 편애에 대한 말씀을 나누며, 하나님은 공평하시고 그분은 편애에 희생된 자들을 사랑하신다고 언급한 적이 있습니다. 그날 그 어느 때보다도 많은 성도들이 뜨거운 눈물을 흘렸습니다. 그러고 보면 모두가 편애의 희생자인 셈입니다. 여성은 여성이라는 이유로, 둘째는 둘째라는 이유로 편애를 경험합니다. 외모 때문에, 학력 때문에, 그 밖에 여러 가지 이유 때문에 편애를 경험하고, 편애에 대한 상처가 있습니다. 편애는 또 다른 편애를 낳습니다. 그래서 왜곡된 사랑은 또 다른 왜곡을 가져와 끝없는 고통이 이어지는 것입니다.

존 트렌트(John Trent)는 아버지의 사랑을 한 번도 경험해 본 적이 없었습니다. 그래서 그는 단 한 번만이라도 아버지가 자신에게 사랑한다는 말을 해주길 원했습니다. 그는 아버지의 임종이 가까웠다는 소식을 듣고 병원으로 달려갔습니다. 한 번만이라도 아버지에게 사랑한다는 말을 듣고 싶었기 때문입니다. 그러나 아버지는 끝내 사랑한다는 말을 남기지 않고 떠났습니다. 그때 그는 자신의 마음에 밀려오는 절망감과 사랑받기를 원하다가 거부당한 심정을 실험실의 쥐에 비유했습니다.

> 실험실에서 쥐를 철창 속에 가둬 두고 철창 너머에서 먹이를 줍니다. 배고픈 쥐가 음식을 먹으러 가도록 길을 만들어 둡니다. 그리고 음식과 쥐 사이에 철창을 하나 더 세워 거기에 전류를 흘립니다. 쥐는 배가 고프기 때문에 음식을 찾습니다. 그러나 음식을 먹을 때마다 강한 전류로 인해 고통을 받습니다. 그래서 뒤로 돌아갑니다. 그러나 배가 고프기 때문에 먹을 것을 얻기 위해서 다시 한 번 시도합니다. 그러면 또 전류가 흐르는 큰 고통을 경험하게 됩니다. 그러다 보면 아무리 의지가 강한 쥐라도 여섯 번 이상을 시도하지 않습니다. 결국 강한 전류의 고통에 의해 쥐들은 먹을 것을 앞에 두고도 모든 것을 포기한 상태에서 굶어 죽어갑니다.[2]

존은 먹을 것을 앞에 두고 굶어 죽어 가는 쥐가 자신과 같다고 했습니다. 부모로부터 사랑받고 싶은 열망 때문에 늘 다가가지만 강한 전류에 가려서 더 나가지 못하고 정서적으로 굶어 죽어 가고 있었던 것입니다.

가정에는 편애의 희생자들이 많습니다. 부모에게 사랑받고 싶어 다가갔지만 강한 전류와 같은 저항 때문에 뒤로 물러나 정서적으로 무기력하게 죽어 가는 아이들이 이 세상에는 참 많습니다. 어쩌면 우리의 과거 모습 속에도 이런 상처들이 깊이 뿌리 내려 있는지도 모릅니다.

우리는 편애의 희생자인 동시에 편애의 가해자입니다. 그러므로 성령께서 우리 마음에 주시는 감동을 따라 우리의 편애적인 성향의 사랑을 점검해 봐야 합니다. 나의 편애가 부자에게 쏠려 있는지, 외모나 학식에 쏠려 있는지, 가정에서 아들에게, 첫째에게 쏠려 있는지 확인해 보아야 합니다. 사랑을 받기 위해 몸부림치는 아이들, 혹은 우리가 돌봐야 할 사람들의 시도들이 편애에 의해 저항감을 느낄 때 그것이 몇 번의 시도로 이어지다가 이내 모든 것을 포기하고 의기소침하여 쓸쓸하게 정서적으로 죽어갑니다.

편애를 생각하면 기억에 남는 한 분이 계십니다. 어느 날 강의가 끝났을 때 질문을 하러 앞으로 나온 80세의 할머니였습니다.

"목사님, 자랄 때 아버지와 오빠가 저에게 상처를 많이 주었습니다. 지금도 문득 그때를 생각하며 다림질을 하다가 옷을 태우기도 합니다. 어떻게 하면 좋죠?"

우리 어머니 세대는 여성차별이 심한 시대였습니다. 그분의 마음속에 편애의 상처를 남긴 아버지와 오빠는 이미 이 세상 사람들이 아니었습니다. 마음속에 남아서 아직까지 할머니에게 상처를 주는 그 사건은 60년 전의 이야기입니다. 그런데 그때의 희생이 아직도 마음에 남아 상처와 고통을 주고 있습니다. 상처 준 사람은 떠나도 그 상처는 계속 남아 아픔을 준다는 것이 서글펐습니다. 편애는 가정 안에서 가장 먼저 점검해 봐야 하는 왜곡된 사랑입니다.

자존감 – 삶을 긍정적으로 해석하는 힘

"아빠, 아빠는 왜 엄마하고 결혼했어요?"

"음, 그건 엄마가 예쁘고, 똑똑하고, 아름다워서……."

"엄마, 근데 엄마는 왜 아빠하고 결혼했어요?"

"하나님이 결혼하라고 하셔서."

"왜 나를 이렇게 생기게 낳았어요?"

"네가 어떻게 생겼는지는 아빠도 몰랐어. 아빠, 엄마가 네 모습을 만든 게 아니라, 하나님께서 예쁜 다인이를 우리 가정에 보내주신 거야."

"아빠, 나는 왜 우리나라에 태어났어요? 미국에 안 태어나고요?"

"그건 하나님께서 다인이를 어디 보낼까 생각하시다가, 우리나라에, 아빠, 엄마 가정에 보내면 가장 사랑받고 행복하게 살 수 있을 것 같아 여기 보내신 거야."

어린 딸과 우연히 나눈 대화입니다. 저녁 식사 후 과일을 먹다

문득 아이가 자기 정체성에 관한 질문들을 하기 시작했습니다. 이 맘때가 되면 남자와 여자의 차이에 대해서도 구체적으로 묻고, 이성에 관해서도 묻고, 자신의 정체성에 관한 질문들도 많이 하게 됩니다. 그날 저녁에도 자기 자신에 대한 질문들을 쏟아 놓기 시작했습니다. 그 외에도 많은 대화를 나누었지만 질문을 하면서 아이의 얼굴에 당당한 미소가 번져가는 것을 느꼈습니다. 아이가 '나는 아빠, 엄마로부터 사랑을 받고 있구나. 나는 행복하고 소중한 존재구나' 하는 것을 확연히 느끼고 있다는 것을 아이의 얼굴에서 알 수 있었습니다.

사랑은 모든 행복의 시작입니다. 어린 시절에 부모로부터 충분한 사랑을 받은 사람들이 정서적으로 건강하고, 성공한다는 연구 결과도 많이 나와 있습니다. 사랑을 받는 아이는 정서적으로 건강하며 자존감이 높아집니다. 자존감(Self-worth)은 '보석의 무게를 달아 가치를 결정하다' 라는 말에서 유래했는데 자신의 가치를 자기 스스로 결정하는 것을 말합니다. 낮은 자존감은 하나님께서 자기에게 부여하신 가치와 유용성을 과소평가하는 것입니다. 자존감은 어린 시절에 얼마나 많은 사랑을 받았는가에 따라 달라집니다. 즉, 자녀와 부모의 바른 애착관계가 행복을 여는 열쇠입니다.

저의 부모님은 훌륭한 신앙인이셨지만 우리 시대의 많은 부모가 그랬듯 방임형으로 양육하셨습니다. 정서적으로 자녀들에게 사랑을 채워주기보다는 먹을 것, 입을 것을 채워주는 것이 급한 시절이었습니다. 방임형 교육으로 강하고 독립적이 되었지만 낮은 자존감을 경험하기도 했습니다. 사랑의 양은 부모가 많이 주어서 충분하다고 결정하는 것이 아니라, 아이 편에서 느끼는 주관적인 것이 기준이 됩니다. 저의 아이들을 보면서 저와 다른 부분을 많이 발견하곤 합니다.

아이가 4살 때 있었던 일입니다. 음식점 놀이방에서 아이가 동물 모양의 장난감을 타고 놀고 있었습니다. 그런데 갑자기 뒤에서 남자아이가 장난감 차를 몰고 와 크게 부딪쳤습니다. 옆에서 지켜보던 저도 순간 다쳤을까봐 깜짝 놀랐습니다. 그런데 더 놀라움을 준 건 우리 아이의 반응이었습니다. 까르르 웃더니 "아빠, 기차가 됐다!"고 소리친 것입니다. 차 두 대가 부딪치니까 기차처럼 연결되었다는 것이지요.

하루는 수목원에 놀러 갔습니다. 수목원에는 연못이 있었고, 징검다리로 그 가운데를 건너도록 해놓았습니다. 엄마도 건너고 함께 온 아이들 중 조금 큰 아이들도 건넜습니다. 그런데 둘째 아이가 다른 아이들과 함께 따라 건너다 발을 헛디뎌 연못에 온몸이 다 잠기도록 빠졌습니다. 물속에서 허우적거리는 아이를 보고 엄마가 놀라서 뛰어들어가 아이를 건져 냈습니다. 아이의 몸은 연못의 이물질로 범벅이 되어 있었고, 아이는 놀라서 크게 울었습니다.

저녁에 수목원에서 벌어진 일을 듣고는 아이가 무사해서 다행이었지만 혹시 물에 대한 공포심이 생기지 않았을까 걱정이 되었습니다. 아내와 이야기를 나누고 있을 때 문제의 장본인인 둘째가 와서 어눌한 말투로 이야기했습니다.

"아빠, 나 물속에서 날아다녔다. 손 이렇게 하고 날아다녔어."

첫째 아이도 함께 거들었습니다. 허우적거리며 헤엄쳤다는 말을 몰라 날아다녔다고 했습니다. 아이에게 물에 빠진 것은 고통이 아니라, 새로운 경험과 모험담일 뿐이었습니다.

우리 아이들을 관찰하면서 느낀 것은 사랑을 많이 받은 아이들의 자존감이 높다는 것입니다. 그리고 자존감이 높은 아이들은 삶의 문제를 해석할 때 모든 것을 긍정적으로 해석하는 것을 보게 됩니다. 긍정적인 해석이 궁극적으로는 자신의 마음에 행복을 가져다줍니다. 아이들이 긍정적으로 자신의 삶을 해석하는 모습을 보면서 참 감사했습니다. 저는 그러지 못했지만 저의 자녀는 긍정적으로 삶을 해석하는 능력이 많다는 것이 감사했습니다.

자존감은 스스로에 대한 자신의 평가입니다. 이것은 마음속의 명령어가 되어 우리 인생의 모든 것을 결정합니다. 아무도 나 자신이 어떠하다고 말해 주지 않았지만, 스스로 자신의 가치를 결정하여 그 결정된 가치기준에 따라 그렇게 살라고 명령하고 있습니다.

그런데 문제는 대부분의 사람들이 낮은 자존감을 갖고 있다는 사실입니다. 내가 나를 평가하는 데는 아무도 관여하지 않습니다. 그런데도 자신을 평가함에 있어 대부분의 사람들이 부정적으로 평가하고 보잘것없는 존재로 평가합니다. 이것은 죄가 우리에게 남긴 흔적입니다. 모든 것을 부정적으로 보며, 모든 것을 왜곡시켜 해석하게 합니다. 부정적인 자아상은 삶의 불행으로 이어집니다. 그리스도 안에서 거듭난 하나님의 백성은 자신을 보는 시선에도 변화를 주어야 합니다. 내가 나를 어떻게 평가하는가가 아니라, 하나님께서 나를 어떻게 평가하시는가의 시선으로 인생을 보아야 합니다.

> "내가 여호와 보시기에 영화롭게 되었으며 나의 하나님은 나의 힘이 되셨도다"(사 49:5).

내가 느끼는 과거의 나의 모습이 어떠했든지, 지금 우리는 하나님 보시기에 영화롭게 되었습니다. 하나님이 나의 힘이 되셨습니다. 하나님께서 모든 것을 변화시켜 주셨습니다. 하나님께서 나를 보시는 관점으로 나를 사랑하며 볼 수 있어야 합니다. 나는 하나님께서 소중히 여기시는 사람이라는 자기 정체성이 분명해야 합니다. 그러면 웬만한 어려움에는 끄떡없는 든든한 마음의 내공이 쌓이게 됩니다.

자존감은 인생의 성취율이 높을 때 형성됩니다. 다시 말하면 실패를 많이 경험하면 자존감이 낮아지게 됩니다. 특히, 유아시절에 부모로부터 자신이 원할 때 사랑을 받지 못하거나 충분한 애정을 경험하지 못하면 자존감이 낮아집니다. 자신이 원하는 무엇인가를 시도했는데 그것이 부모를 통해 이루어지지 않고 좌절을 경험할 때 스스로를 보잘것없는 존재로 인식하게 됩니다. 자존감이 낮은 사람들은 모든 것을 자신을 공격하는 것으로 이해합니다. 농담을 해도 가볍게 받아넘기지 못하고, 비난을 받으면 다른 사람보다 더 크게 느낍니다. 작은 상처도 크게 느끼며 쉽게 좌절합니다. 모든 것을 부정적으로 해석하는 것에 익숙해져 있기 때문입니다.

자존감을 높이는 방법은 앞서 언급한 것처럼 예수님의 관점으로 자신을 보는 것입니다. 나를 존귀하고 소중하게 여기시며, 나를 사랑하시는 그분의 사랑을 삶 속에서 자주 경험해야 합니다. 하나님의 말씀에 깊이 집중하며 기도 속에서 주님의 세미한 사랑을 경험해야 합니다.

또한 가족이나 주변에 자존감이 낮은 사람들이 있다면 그들을 도와야 합니다. 늘 지지해 주고, 인정해 주고, 칭찬해 주어야 합니다. 그들은 처음에는 칭찬을 칭찬으로 받아들이지 않을 것입니다. 그러나 반복해서 격려하고 인정해 주면 자신을 향한 생각과 태도가 바뀌게 됩니다. 몸은 성인일지라도 그들의 마음속에는 사랑받고 인정받고 싶은 어린아이가 있습니다. 어린 시절에 충분한 사랑과 인정과 존중을 받지 못한 어린아이를 바라보며 인내하면서 계속 삶을 지지해 주어야 합니다. 그러면 예수님 안에서 우리의 회복은 생각보다 빨리 올 것이며 모든 것이 합력하여 하나님 보시기에 좋은, 최선의 상태가 될 것입니다.

여호와의 친밀한 사랑

친밀한 사랑의 경험은 우리를 행복하게 합니다. 친밀함이라는 말은 듣기만 해도 기분이 좋습니다. 친밀하다는 말속에는 깊은 신뢰, 사랑, 행복 등이 담겨 있기 때문입니다. 그러나 우리는 실질적으로 삶에서 친밀한 사랑을 그리 많이 경험하지는 못하고 있습니다. 특히, 아버지로부터 친밀한 사랑을 느낀다는 것은 어린아이들을 제외하고는 많지 않을 것입니다. 아버지에게서 친밀함을 느끼기는커녕 상처만 받지 않아도 좋겠다는 사람들도 적지 않습니다.

하나님의 친밀한 사랑을 알기 위해서는 우리의 자녀들을 깊이 연구해 볼 필요가 있습니다. 교회 사역을 마치고 집으로 돌아가면 아이들은 아빠가 왔다고 좋아서 펄쩍펄쩍 뛰며 안아달라고 합니다. 소파에 기대어 있거나 누워 있으면 배 위에 올라와서 기대며 비빕니다. 이때 아이의 얼굴을 들여다보면 세상의 모든 것을 다 얻은 것 같은 행복감이 있습니다. 이것이 부모와 친밀한 아이들의 모습입니다. 친밀한 사랑을 경험하는 것은 아주 중요합니다. 세상을 살아갈 수 있는 모든 힘의 근원이 부모로부터 받은 친밀한 사랑의 경험으로부터 출발하기 때문입니다.

친밀한 사이란 아주 가까운 사이를 말하며, 상처가 있거나 허물을 모두 내어놓은 벌거벗은 상태가 되어도 서로 부끄럽지 않은 관계를 말합니다. 아이가 엄마 앞에서 더 이상 숨길 것도 없고 부끄러운 것도 없는 상태로 있는 것을 친밀함이라고 합니다.

부부는 친밀하기 때문에 벌거벗고 있어도 부끄러워하지 않습니다. 십 년 정도 같이 살았는데도 아직도 서로 부끄러워한다면 그 부부는 깊은 연구대상입니다. 그 정도 살면 손을 잡아도 이 손이 내 손인지, 배우자 손인지 구분도 잘 안 됩니다. 벗었으나 부끄럽지 않다는 것은 외면적인 모습만을 의미하는 것이 아닙니다. 우리의 내면과 상처가 드러나도 부끄럽지 않은 상태가 바로 친밀한 상태입니다.

하나님 앞에서 우리가 친밀한 사랑을 느끼고 경험한다는 것은 남에게 늘 가려야 했던 우리의 상처 난 부분을 그분께 드러내도 전혀 부끄럽지 않은 것을 말합니다. 그러나 많은 성도들이 하나님과의 친밀함을 느끼기보다 하나님을 늘 두려운 분으로 이해하여 그분 앞에서 자신의 상처나 연약함을 숨기려 합니다. 상처가 많거나 연약할수록 그분과의 친밀함이 필요한 것입니다.

하나님께서는 아담과 하와를 만드신 후 동산에 두시고 모든 것을 다스리게 하시며 친밀한 교제를 나누셨습니다.

성경은 "아담과 그의 아내 두 사람이 벌거벗었으나 부끄러워하지 아니하니라"(창 2:25)고 말씀하고 있습니다. 그런데 이 말씀을 조금 생각해 보면 의아합니다. 에덴동산에 사람이라고는 둘밖에 없습니다. 그런데 부끄러워하지 않았다고 말씀합니다. 동물들과 자신들밖에 없는데 부끄럽지 않은 것이 당연하지 않습니까? 아내와 남편이 서로에게 부끄럽지 않은 것은 당연합니다. 그런데 왜 성경은 두 사람이 벌거벗었으나 부끄러워하지 않았다고 기록하고 있을까요? 당연한 것인데 왜 이런 구절을 써 놓았을까요? 다음 구절을 보면 이 말씀을 좀 더 깊이 이해하게 됩니다. 그들은 하나님 앞에서 죄를 짓고 난 후 예전에 하지 않았던 이상한 행동을 합니다.

"이에 그들의 눈이 밝아져 자기들이 벗은 줄을 알고 무화과나무 잎을 엮어 치마로 삼았더라"(창 3:7).

그들이 벗은 것을 알았고 무화과 잎으로 치마를 만들어 자신을 숨겼습니다. 재미있는 것은 이때도 사람들이라고는 둘밖에 없었습니다. 그러면 이들이 느낀 부끄러움은 대체 누구에 대한 것입니까? 처음이나 두 번째나 상황에는 변화가 없는데 두 번째에는 스스로 부끄러움을 느껴 자신들을 가렸습니다. 이 사이에 어떤 일이 있었습니까?

이것은 단순히 외적으로 벌거벗었다, 옷을 입었다의 문제가 아니라, 우리의 영적인 상태와 심리적인 상태와 정서적인 상태가 하나님과 친밀했다가 그 친밀감이 파괴된 것을 보여주는 예입니다.

하나님께서 먹지 말라고 하신 선악을 알게 하는 나무의 과실을 먹고 범죄한 이후 그들이 처음 한 행동이 바로 자신들을 하나님 앞에서 가리고 숨는 것이었습니다. 우리가 하나님 앞에서 친밀한 사랑을 경험하려면 하나님 앞에서 우리의 죄를 돌아봐야 합니다.

죄는 하나님과 우리 사이를 갈라놓습니다. 우리 마음에 죄가 있으면 하나님께로 나갈 수 없으며 하나님을 기쁨과 친밀의 대상이 아니라, 심판의 대상이며 두려움의 대상으로 여기게 됩니다.

하나님의 친밀감을 이해하기 위해서는 어린아이가 부모에게서 느끼는 친밀감이 아이에게 어떤 영향을 주는지 살펴볼 필요가 있습니다. 부모와 자녀 사이의 친밀감은 하나님의 사랑과 연관이 있습니다. 아기는 불안하면 엄마를 찾습니다. 그래서 엄마 품에서 떠나지 않습니다. 그러나 시간이 지나고 엄마와 바른 애착이 형성되면 엄마 품에만 있는 것이 아니라 세상을 향해 탐구하기 시작합니다. 탐구를 많이 하는 아이가 지능이 높다고 합니다. 아이가 탐구를 많이 하려면 먼저 부모와의 바른 애착관계 즉 친밀함이 유지되어야 합니다. 부모로부터 안정감을 느끼는 아이는 계속해서 자기 탐구를 하다가 불안한 상황이 생기면 다시 부모의 품으로 돌아오게 됩니다. 이것을 계속 반복하며 자랍니다.

엄마 품에 있는 아이처럼 우리의 영적인 삶도 그렇습니다. 세상에서 지치고 힘들 때면 하나님의 품 안에 안깁니다. 그리고 하나님과의 안정되고 깊은 친밀감이 회복되면 세상에 나가서 더 능동적으로 사역합니다. 나를 지켜주시는 하나님이 계시다는 것, 힘들 때면 언제나 나를 한없이 안아주시는 하나님이 계시다는 것, 그리고 하나님의 그 깊은 사랑을 경험했다는 것은 우리 삶에 큰 능력이 됩니다. 그래서 하나님의 친밀한 사랑을 우리가 삶 속에서 깊이 경험해야 합니다. 그것은 우리로 하여금 세상에서 역동적인 그리스도인으로 살아가게 하는 근본적인 힘과 근본적인 능력을 제공해 줍니다. 하나님의 사랑의 줄에 단단히 매여 있는 하나님의 자녀들은 미래를 두려워하지 않습니다. 환경을 두려워하지 않습니다. 왜냐하면 나를 사랑하시는 하나님께서 내 인생을 반드시 잘되게 해주실 것을 믿고 알기 때문입니다.

우리는 하나님과의 친밀한 사랑을 회복해야 합니다. 하나님과의 친밀함을 막는 것은 바로 죄입니다. 죄의 문제를 해결해야 친밀감이 회복됩니다. 가족 간에도, 부부간에도 투명하지 않고 껄끄러운 것이 있다면 친밀해질 수 없습니다. 그리고 부모와의 친밀함을 경험해야 합니다. 혹시나 어릴 때 경험하지 못한 친밀감 때문에 사회적인 문제를 일으킨다면 하나님의 사랑 속에서 다시 태어나야 합니다.

아버지로부터 받은 상처 때문에 사랑을 갈구해 다른 이성을 찾아 만나면서 인생을 사는 여성들도 있습니다. 아버지의 학대와 버림이 자신이 그렇게 살고 있는 것에 대한 설명은 될지 모르지만, 그것이 옳은 것은 아닙니다. 죄를 없애 주는 것도 아니며, 행복을 만들어 주는 것도 아닙니다. 이들에게는 신앙과 행동이 이율배반적으로 나타납니다. 당사자는 자신에게 어떤 문제가 있는지조차도 모른 채 스스로의 인생을 망가뜨립니다. 진정한 친밀감을 배우지 못했기에 잘못된 것만 반복하고 있습니다. 자신을 그대로 방치해 두어서는 안 됩니다. 하나님의 사랑 안에서 다시 태어나야 합니다. 예수님의 사랑만이 그 공허감을 채우며 회복하며, 온전하게 할 것입니다.

예수님의 사랑으로 다시 태어나다

혹시 죄를 짓다 그 자리에서 현행범으로 걸려 본 적이 있습니까? 만일 작은 일이라도 이러한 경험이 있다면 지금 이야기를 나누고자 하는 여인의 심정을 이해할 수 있을 것입니다. 요한복음 8장에는 현장에서 간음하다 잡힌 여인의 이야기가 나옵니다. 이 이야기 속에는 친밀하신 하나님의 사랑이 잘 나타나 있습니다. 이 여인은 간음하다가 바리새인들에게 잡혀 예수님 앞에 왔습니다. 함께 있던 남자는 어디로 도망갔는지 나타나지 않습니다. 바리새인들이 함정을 팠는지 어떠했는지는 잘 모르겠지만 아무튼 여인 혼자 잡혀 예수님 앞에 왔습니다. 사실 이 비련의 여인은 그 사건의 중심에 있지만 주인공이 아닙니다. 이 사건의 핵심은 바리새인들이 예수님을 모함하기 위해 만든 것이었고, 이 여인은 음모에 걸려든 희생양에 불과했습니다.

이스라엘 사람들은 하나님의 법인 율법을 지킵니다. 그리고 동시에 로마의 속국이므로 로마법도 따라야 합니다. 율법에 따르면 현장에서 간음하다 잡힌 여인에 대한 형벌은 돌로 치는 것이었습니다. 예수님께서 돌로 치라고 명하신다면 율법은 지키는 것이지만, 로마법에 위배되어 살인교사로 실정법을 범하게 됩니다. 반대로 풀어주라고 말씀하시면 로마법에는 저촉되지 않지만, 율법에 위배되어 백성들로부터 신임을 잃게 될 것입니다. 바리새인들은 이러한 포석을 두고 그 여인을 예수님 앞에 데리고 왔습니다. 그들에게 인격에 대한 존중이나, 사람에 대한 사랑은 전혀 없었습니다. 그 여인이 감당해야 하는 수치감과 죄의식에 대해, 그리고 그 여인과 관련된 가족이나 당사자의 마음의 고통에 대해서는 아무도 귀를 기울이지 않았습니다. 살기등등한 바리새인들은 그 여인이 죽든 살든 예수님을 옭아매어 쓰러뜨리려는 악한 마음뿐이었습니다.

　빨리 결단을 내려달라고 요청하는 바리새인들의 성화에 아랑곳하지 않으시고 예수님은 묵묵히 땅에 글을 쓰셨습니다. 무슨 글을 쓰셨는지는 알지 못합니다. 침묵의 시간이 흘렀습니다. 어떤 분은 그때 예수님께서 그 여인의 집에 들어갔던 남자들의 이름을 적었을 것이라고 추측하기도 합니다. 자신은 의로운 체하면서 돌을 들고 그 자리에 서 있지만, 얼마 전까지 그 여인과 함께 있었던 남자들이 예수님께서 그들의 이름을 쓰자 놀랐을 것이라는 것입니다. 어떤 분은 예수님께서 말씀하신 "죄 없는 자가 먼저 돌로 치라"는 말씀을 쓰셨다고 추측하기도 합니다. 그러나 예수님께서 무슨 글을 쓰셨는지는 성경에 나타나지 않습니다.

　만일, 제가 예수님이었다면 땅에 이렇게 썼을 것 같습니다.
　"인간들이 왜 이렇게 잔인한가?"

땅에 글을 쓰시던 예수님께서는 "죄 없는 자가 먼저 돌로 치라"고 말씀하셨습니다. 악한 마음이 가득한 돌을 든 바리새인들에게 자신을 돌아보게 하셨습니다. 어떤 성경학자는 그 순간 예수님께서 돌을 들고 있는 모든 사람에게 그 사람들이 이 여인과 유사하게 저지른 죄를 생각나게 하셨다고 설명하고 있습니다. 단지 들키지 않았을 뿐이지 돌에 맞아 몇 번이라도 죽어야 할 죄들을 기억나게 하신 것입니다. 이 말씀을 하시고 예수님은 다시 땅에 글을 쓰셨습니다. 그러는 동안에 돌을 든 무리는 예수님과 그 여인의 곁을 떠나 슬그머니 도망갔습니다. 예수님께서 일어나셔서 여인에게 물으셨습니다.

"애야, 네게 죄가 있다면서 너를 죽이려고 하던 사람들이 다 어디 갔느냐? 한 사람도 없느냐?"

고개를 숙인 여인이 말했습니다.

"예, 선생님. 한 명도 없습니다."

다시 예수님께서 그 여인에게 말씀하셨습니다. 그 말씀은 그 여인의 영혼을 구원하는 말씀이며, 영원토록 잊을 수 없는 복음의 메시지였습니다.

"나도 네가 죄인이라고 말하지 않겠다. 이제부터 다시는 죄를 짓지 말거라."

이 복음의 메시지가 여인을 살렸습니다.

이 사건의 관심은 바리새인들의 입장에서는 예수님을 함정에 빠

트리는 것이었고, 주변에 있는 사람들의 관심은 예수님께서 이런 위기를 어떻게 극복하시는가에 있었을 것입니다. 그러나 예수님의 관심은 그 여인에게 있었습니다. 아무도 소중하고 귀하게 여기지 않는 죄 많은 여인을 보셨습니다. 자신의 생명과 미래와 자신의 모든 것을 타인의 손에, 더 정확하게 말하면 예수님의 입에서 나오는 말씀 한마디에 의존해야 하는 가련한 영혼을 바라보고 계셨습니다. 예수님의 관심은 오직 하나님의 은혜와 긍휼만을 구할 수밖에 없는 가련한 영혼에게 있었습니다.

그날 그 여인이 예수님의 은혜를 입지 않았다면 그녀의 인생은 기구했을 것입니다. 그 이전의 삶도 그러했겠지만 예수님의 은혜를 경험하지 못한 채 살아났다면 죄의식과 수치감으로 평생을 왜곡되게 살았을 것입니다. 그러나 그날 그녀는 예수님 앞에서 구원받았습니다. 그녀의 육신도 구원받았지만 그녀의 영혼도 천국을 소유하는 천국백성으로 거듭나는 시간이 되었습니다.

이 이야기의 핵심은 예수님의 은혜입니다. 우리의 죄와 허물과 수치까지 치유하시고 덮어 주시는 은혜입니다. 이 은혜는 행복을 갈망하는 모든 사람에게 필요한 은혜입니다.

우리 모두에게는 상처가 있습니다. 그리고 아픈 과거가 있습니다. 다른 사람이 볼 때는 별것 아니라고 말할지 모르지만, 자신에게는 없었으면 하는 아픔들이 누구에게나 있습니다. 그래서 어떤 분들은 그 상처를 극복하지 못한 채 평생을 그 상처가 주는 영향력 아래서 마음 고생을 하며 살아갑니다. 이 모든 분들에게는 사랑이 필요합니다. 그리고 자신을 사랑할 줄 아는 법을 배워야 합니다. 비록 아픔을 주는 과거가 있다 하더라도 예수님 안에서 모든 것이 끝났습니다. 예수님 앞에서 용서받은 여인의 과거는 그날 모두 끝났습니다. 더 이상 그녀의 과거는 현재와 미래를 괴롭히지 못할 것입니다. 예수님께서 모든 것을 다 용서하시고 덮어주셨기 때문입니다. 우리 역시 더 이상 우리의 과거가 우리의 미래와 현재의 발목을 잡지 못하게 해야 합니다. 나 자신을 예수님 안에서 진정 사랑하길 원한다면 과거는 과거일 뿐입니다. 예수님 안에서 모든 것이 단절되었기 때문입니다.

무한한 사랑에 잠기다

예수님을 믿는 사람들은 이 여인처럼 용서의 은혜를 경험한 사람들입니다. 나 스스로 할 수 없는 일을 하나님께서 이루시고, 나를 무한한 사랑으로 받아 주신 것입니다. 하나님께서 행하신 이 크고 위대한 사랑을 겸손하게 그대로 받아들이는 것이 믿음입니다. 그냥 받아들이기만 하면 됩니다.

우리가 이 땅에서 하나님의 은혜와 사랑을 경험하는 방법은 여러 가지가 있습니다. 일반적으로 하나님의 사랑은 그 사랑을 먼저 경험한 사람들을 통해 경험하게 됩니다. 목회를 하다 보면 종종 하나님을 닮은 선한 그리스도인들의 사랑과 베풂과 용서를 통해 예수님을 알게 된 분들을 많이 만나게 됩니다. 우리가 예수님의 사랑을 먼저 배웠다면 우리가 해야 할 가장 중요한 일은 나의 가장 가까운 가족과 이웃에게 그 사랑을 나누어 주는 것입니다.

우리는 멀리 있는 타인에 대해서는 관대합니다. 현장에서 간음하다 잡혀온 여인이라 하더라도 나와 상관없는 사람이기에 그녀의 용서를 기뻐합니다. 그러나 나의 주변에 있는 사람들에 대해서는 아주 잔인하게 정죄하는 태도로 바뀝니다. 물론 나와 관계된 가족과 지인들이 모두 완벽하기를 기대하는 마음이 나쁜 마음은 아닙니다. 그러나 완벽을 추구하는 마음이 그들로 하여금 숨조차 쉴 수 없도록 목을 죄는 역할을 합니다. 가장 따뜻한 위로와 사랑을 받아야 할 가정에서 너무 엄한 지도를 받기에 숨통이 끊어지는 답답함을 경험하는 자녀들이 한둘이 아닙니다. 행여나 어려움을 경험하게 될 때 정말 울면서 위로받고 안겨야 할 아버지의 품이 없습니다. 항상 야단치며 엄하게 완벽을 지향하도록 훈육하는 부모의 모습 때문에 우리 아이들이 병들어 가고 있습니다.

대부분의 사람들은 비난하거나 행위를 달아보고 평가하기 좋아하기에 늘 긴장 속에서 살게 됩니다. 그러나 우리에게는 하나님의 사랑을 닮은 사람들이 필요합니다. 모든 것을 용서하며, 나의 허물을 묻지 않고 그저 한없이 안아주시는 어머니의 사랑이 필요합니다. 그런 사람이 최소한 한 사람이라도 있어야 합니다. 모두가 이 사랑에 갈급해하고 있습니다.

함석헌 님의 시 중 "그 사람을 가졌는가"는 이렇게 시작합니다.

> 만 리 길 나서는 길 / 처자를 내맡기며 / 맘 놓고 갈 만한 사람 / 그 사람을 / 그대는 가졌는가.

이 시에서 함석헌 님은 우리 인생은 믿을 수 있는 한 사람, 믿어 주는 한 사람이 있어야 행복하다고 말하고 있습니다.

우리 모두에게는 이런 사람이 필요합니다. 그래서 예수님을 만나야 합니다. 예수님 안에서 진정한 나를 회복하며 나를 향한 참사랑을 경험하게 됩니다.

> "나를 사랑하는 자들이 나의 사랑을 입으며 나를 간절히 찾는 자가 나를 만날 것이니라"(잠 8:17).

진정한 사랑은 예수님 안에 있습니다. 예수님을 사랑하며 예수님을 찾을 때 그분의 깊은 사랑을 경험하게 될 것입니다. 또한 우리는 모든 것을 수용해 주는 예수님을 닮은 사람을 통해 사랑을 경험하게 될 것입니다. 만일, 우리가 예수님의 사랑을 먼저 알았다면 우리의 가족과 이웃을 예수님의 사랑으로 품어 주는 그런 사람이 되어야 합니다.

어떤 일이 있어도
마음에 기쁨이 떠나지 않게 하라

솔로몬의 지혜

한 아기를 두고 두 여인이 서로 자기 아기라고 싸우고 있습니다. 누가 이 아기의 엄마인지 찾기는 쉽지 않습니다. 요즘 같으면 유전자 검사를 통해 알 수 있겠지만 지금부터 약 3,000년 전에는 그것이 불가능했습니다. 솔로몬은 칼을 가지고 와서 아이를 나눠주라는 말도 안 되는 명령을 내립니다. 그런데 이 명령이 진짜 엄마의 모성을 자극합니다. 아이에 대한 사랑을 지닌 여인이 진짜 엄마일 것이라는 점을 염두에 둔 판결이었습니다. 이 이야기는 우리가 잘 아는 솔로몬의 지혜로운 판결입니다.

솔로몬은 참으로 지혜로운 사람이었습니다. 역사 이래 솔로몬만큼 지혜로웠던 사람이 없었습니다. 그는 참 많은 것을 연구했으며 그가 쓴 잠언과 전도서는 이 시대를 사는 우리에게도 지혜를 주고 있습니다. '지혜'라는 말은 방법을 아는 것, 원리를 아는 것을 말합니다. 세상 사람들의 입장에서 보면 돈을 잘 버는 방법을 아는 것이 지혜일 것입니다. 그러나 성경은 인생의 근본인 하나님을 아는 것, 그분을 섬기는 것이 지혜의 근본이라 말씀합니다. 진정한 지혜를 아는 사람에게 구원이 있습니다.

솔로몬은 지혜와 어리석음의 차이를 빛과 어두움의 차이라고 했습니다. 물건을 찾을 때 밝은 대낮이면 바늘도 찾을 수 있겠지만 칠흑같이 어두운 밤이면 커다란 건물도 쉽게 찾지 못할 것입니다. 지혜로운 사람은 세상의 이치나 방법을 잘 알기에 수월하게 살 수 있습니다.

저는 전도서를 깊이 묵상한 후 어떻게 살아야 할지에 대한 바른 답을 얻었습니다. 솔로몬은 하나님께서 하시는 일을 분석하고 정리하고 연구했습니다. 하나님은 착한 사람에게 상을 주시고, 나쁜 사람에게 벌을 주시는 공의의 하나님이십니다. 그리고 연약한 자를 돌보시고 귀하게 여기시는 사랑의 하나님이십니다. 그런데 내가 원하는 시점에 하나님의 사랑이 오고, 내가 원하는 시점에 악한 자에게 형벌이 내리면 좋을 텐데 그렇지 않습니다. 또한 악한 사람이 잘되는 것처럼 보일 때도 있고, 무고한 사람이 고통받는 경우도 보게 됩니다. 물론 마지막 때 하나님 앞에서 모든 행위를 심판받게 되겠지만 지금 이 순간에 왜 이처럼 비이성적이며 비논리적인 일들이 일어나는지 솔로몬은 도저히 풀 수 없었습니다. 그래서 그는 하나님께서 하시는 일은 도저히 예측하거나 알 수 없다고 고백합니다.

미래의 문제도 마찬가지입니다. 솔로몬은 두 가지를 투자했을 때 이것이 잘될지, 저것이 잘될지, 혹은 둘 다 잘될지 알지 못한다고 했습니다. 인생에는 많은 시기와 우연이 따르고, 행운도 따릅니다. 잘 달리는 사람이라고 해서 반드시 이기는 것이 아니라는 것도 알게 되었습니다. 솔로몬은 미래에 대해서 연구하면 할수록 답이 없다는 것을 알았습니다. 그래서 그는 전도서에서 잘 사는 방법으로 몇 가지 결론에 도달합니다.

솔로몬은 우리가 어떻게 될지 알지 못하는 세상, 영원하지도 못하며 유한한 이 세상에 살면서 가장 좋은 것은 자신에게 주어진 복을 누리며 사는 것이라고 했습니다. 이 말씀은 저마다에게 주어진 하나님의 분복이 있는데 그 복을 충분히 누리며 사는 것을 뜻합니다. 이것은 단순합니다. 결혼해서 아이를 낳고 가족과 함께 살고, 맛있는 것 있으면 감사하게 먹고, 좋은 일 있으면 기뻐하면서 내게 주어진 복을 누리며 사는 것입니다. 주어진 삶에 대해 기쁨을 누리며 감사하는 것이 가장 잘 사는 방법입니다.

불확실한 미래를 위한 투자에 대해 그는 선을 행하며 이웃에게 나눠주기를 힘쓰라고 했습니다. 그러면 먼 미래, 내가 어려울 때 내가 베풀고 나눈 선이 내게 돌아와서 나를 돕게 될 것이기 때문입니다. 마지막으로 궁극적인 행복의 비결은 하나님을 기억하며 사는 것이라고 합니다. 청년의 때에 나 혼자 스스로 모든 것을 할 수 있다고 느낄 때 "네 마음대로 한번 살아봐라. 그러나 그 행동에 대해서 반드시 심판하시며 책임을 물으시는 하나님이 계신다는 것을 잊지 말라"(전 11:9)고 당부했습니다. 인생을 즐기며 살되 유한함을 잊지 말고, 언젠가 우리 행위에 대해서 심판하실 분이 계심을 알고 하나님을 의식하면서 사는 것이 행복하게 사는 법입니다.

심령의 낙(樂)

솔로몬의 지혜는 여러 부분에서 탁월합니다. 특히, 그는 행복하게 사는 인생이 무엇인지를 정확하게 분석하고 그것을 후세의 사람들에게 알려 주었습니다. 솔로몬은 행복이 마음의 문제이며, 그 마음속에 하나님께서 주신 기쁨을 소유하는 것임을 알았습니다.

솔로몬은 우리가 원하는 것, 인생에서 한 번쯤 그래 봤으면 좋겠다고 생각하는 모든 것을 누렸습니다. 그는 많은 돈을 가졌습니다. 당시 지중해 해상 무역권을 장악했고, 주변국으로부터 많은 조공을 받았고, 많은 개발을 통해 은과 금도 확보했습니다. 사업에 천재적인 수완을 발휘하면서 성공가도를 달렸습니다. 그런데 마지막에 그가 내린 결론은 재물이 많은 것은 눈에 보기 좋을 뿐 아무런 의미도 없다는 것이었습니다.

명예, 권력도 마찬가지입니다. 그는 왕으로서 존귀를 받았고, 권력을 누렸습니다. 많은 여성도 거느렸습니다. 그러나 이 모든 것이 헛되고 의미 없다는 것을 알았습니다. 그는 언젠가 죽어야 하고, 언젠가는 하나님의 심판 앞에 서야 한다는 것을 알았습니다. 우리가 추구하는 모든 것이 죽음 앞에서는 아무런 의미가 없다는 사실을 깨달았습니다.

이 부분에서 끝났다면 다른 사람들의 지혜와 별 차이 없을 겁니다. 솔로몬도 우울증이 있는 천재이거나 아니면, 염세주의자로 끝날 수 있었을 것입니다. 그러나 솔로몬은 이러한 인생 속에서 하나님께서 준비하신 진정한 선물이 무엇인지를 알았습니다.

유한한 인생을 통해 하나님이 알게 하신 것은 우리에게 영원한 생명이 있으며 하나님이 계시다는 사실입니다(전 3:11). 하나님께서는 유한한 인생을 통해 하나님께서 준비하신 영원한 생명을 사모하며 찾도록 하셨습니다. 그리고 예수님을 통해 우리에게 영생의 길을 열어 주셨습니다. 솔로몬처럼 모든 것을 누렸지만 인생의 유한함으로 인해 영원을 사모하게 되든지, 아니면 이 땅의 고통과 괴로움 때문에 영원한 생명을 사모하게 되든지, 하나님께서는 인생들로 하여금 하나님을 찾도록 하셨습니다. 솔로몬은 이 점을 분명하게 알았습니다. 그리고 비록 유한하지만 이 땅에서 어떻게 잘 살아 갈 수 있는지에 대해서도 알았습니다.

그것은 하나님께서 저마다에게 주신 복, 분복을 누리며 사는 것입니다. 하나님이 우리에게 주신 진정한 행복은 물질이 아니라 마음의 기쁨입니다. 마음의 평안함과 마음의 기쁨을 우리의 행복을 위해 주셨습니다.

"사람들이 사는 동안에 기뻐하며 선을 행하는 것보다 더 나은 것이 없는 줄을 내가 알았고"(전 3:12).

이것을 누릴 줄 아는 사람이 진정으로 하나님의 선물을 누릴 수 있습니다. 심령의 낙을 누릴 줄 알아야 합니다.

하나님은 우리가 이 땅에서 사는 동안 물질이 필요한 것을 아십니다. 그래서 물질도 주십니다. 그러나 물질만 주시는 것이 아니라 기쁨을 더하여 주십니다. 하나님께서 주시는 진정한 복은 물질이 아니라 물질로 인해 누리는 기쁨입니다. 이것이 풍성할 때 행복이 넘치게 됩니다. 물질을 더 많이 갖게 될 때 기쁨도 상승합니다. 왜냐하면 물질을 소유하는 것 속에 기쁨을 함께 주셨기 때문입니다. 그러나 어느 순간에 가서는 물질을 소유하더라도 기쁨이 줄어듭니다. 행복을 위해 정말 중요한 것은 물질을 많이 갖는 것이 아니라, 적은 물질을 소유하더라도 그것으로 인해 더 기뻐할 수 있으며, 마음에 더 큰 기쁨을 누리는 것입니다.

가난한 아버지의 행복

자녀가 많은 가난한 아버지가 있습니다. 흥부네처럼 매일같이 아이들이 밥을 달라고 아우성치는데 먹을 것이 전혀 없는 아버지입니다. 그런데 읍내에 나갔다가 쌀 한 가마니를 얻게 되었습니다. 그것을 지게에 지고 집으로 가려면 십 리를 더 걸어가야 합니다. 자신의 몸무게만큼, 아니 어쩌면 그보다 더 무거운 쌀을 지고 십 리를 걸어가야만 아이들에게 맛있는 밥을 해줄 수 있습니다. 이 길을 걸어 집으로 돌아가는 아버지의 마음은 어떨까요?

또 다른 경우를 생각해 보겠습니다. 이분은 돈을 잘 법니다. 이분의 한 달 수입은 보통 직장인의 열 배 정도 됩니다. 그러나 그에게는 갚아야 할 은행 이자도 있고, 돌려야 할 사업 자금도 필요합니다. 그런데 이분이 어떤 일을 해서 쌀 다섯 가마니 이상 살 수 있는 돈을 벌었다고 가정해 보겠습니다. 그 돈을 벌었을 때의 마음은 어떨까요? 이자를 내야 하는 것과 더 써야 할 부분에 대한 부족함 때문에 답답함이 밀려올지도 모릅니다.

두 경우 다 솔로몬의 말처럼 이 땅에서 저마다에게 주신 복을 누리는 순간을 지나고 있습니다. 한 분은 쌀 한 가마니를 얻었고, 또 다른 한 분은 그보다 더 많은 돈을 얻었습니다. 그런데 누가 더 기쁘고 행복할까요? 하나님께서 진정으로 주시는 선물은 물질이 아닙니다. 하나님의 선물은 물질과 더불어 주시는 기쁨입니다. 마음의 기쁨이 하나님의 선물입니다. 더 많은 월급을 받더라도 적게 받는 사람보다 마음의 기쁨이 적고 오히려 불편하다면 그 사람은 불행합니다. 하나님은 우리가 노력하고 수고해서 땀을 흘린 대가를 받을 때 기쁨을 누리도록 해주셨습니다. 그 대가는 눈에 보이지만 그 속에 숨어 있는 기쁨은 눈에 보이지 않습니다.

진정으로 행복한 사람은 그 속에 숨어 있는 기쁨을 감사하게 받고 충분히 누릴 줄 아는 사람입니다. 그런데 불행하게도 물질에 욕심을 내면 낼수록, 부를 추구하면 할수록 이 기쁨은 사라집니다. 작은 물질이라도 그 속에 함께 들어 있는 기쁨을 누리도록 자신을 훈련해야 합니다. 그렇게 할 때 물질의 노예가 되지 않고, 더욱더 행복을 누리게 됩니다.

과도한 낙천주의자 되기

차에 대한 이야기를 나누다가 좋은 차를 타고 다니시는 어떤 집사님의 이야기를 듣게 되었습니다.

"목사님, 제가 처음 차를 샀을 때가 기억납니다. 마음이 급해 운전면허증도 따기 전에 작은 경차를 샀습니다. 그리고 그 차를 닦아 주차장에 세워 두었습니다. 직장에서 일하다가 몇 번씩 창문 밖으로 차가 잘 있는지 보았습니다. 운전할 줄도 몰랐지만 그 차를 보는 것만으로도 감사하고 행복했습니다. 그리고 운전면허증을 따고 가족들과 나들이를 갔습니다. 작은 차에 여러 명이 들어가니 내부가 좁고 답답했습니다. 운전도 서툴러서 급정거와 급출발을 반복했습니다. 그래도 참 행복하고 즐거웠습니다."

그 후 시간이 흘러 집사님은 사업을 위해 좋은 차를 사게 되었습니다. 집사님은 말을 계속 이어갔습니다.

"지금 타고 다니는 차는 크고 좋은데, 그때 우리 가족이 비좁게 앉아 타고 가던 그 기쁨은 없습니다. 가끔씩 그때를 생각하면 뭔가 허전해지기까지 하네요."

이러한 고백이 그 집사님만의 고백은 아닙니다. 더 나은 것을 선택하고, 더 나은 것을 가지면 행복이 배가될 것이라고 생각하지만 오히려 허전함만 더하고, 예전에 가졌던 행복을 그리워하게 됩니다. 물질을 많이 소유하는 것, 더 높은 자리에 올라가는 것, 무엇인가를 성취하는 것이 행복을 주지 않습니다. 오히려 내 마음의 기쁨을 앗아갈 확률이 더 높아집니다.

행복하려면 하나님께서 내게 주신 모든 것들 속에서 기쁨을 찾아내고, 그 기쁨을 누릴 수 있어야 합니다. 그 무엇과도 내 마음에 있는 기쁨을 바꿔서는 안 됩니다. 차라리 모든 것을 잃더라도 마음에 기쁨과 평안이 있다면 그것이 더 행복한 삶을 사는 것입니다. 진정한 기쁨은 우리 인격의 문제이지, 우리가 누리는 환경의 문제가 결코 아닙니다. 어떠한 환경에서도 기뻐할 수 있는 것은 우리의 인격과 성품이 온전히 예수님을 닮을 때 가능합니다. 많은 사람이 그토록 행복을 갈구하면서 물질을 쌓아 올리지만 정작 행복을 누리지 못하는 이유는 얻는 물질만큼 인격의 성숙이 따르지 못하기 때문입니다. 우리 마음에 기쁨을 소유하고 그 기쁨을 누리는 것은 우리의 인격과 깊은 연관이 있습니다.

하나님께서는 우리의 행복을 원하십니다. 그래서 항상 기뻐하라, 이것이 하나님의 뜻이라고 하셨습니다(살전 5:16-18). 항상 기뻐하라는 말씀은 기뻐할 수 없는 상황에서도 기뻐하도록 노력하며, 나의 마음속에서 그 어떤 것이라도 기쁨을 앗아가지 못하도록 지키라는 말씀입니다. 우리의 삶과 가정과 직장과 하는 모든 일에서 기쁨이 넘치도록 해야 합니다. 기쁨이 충만한 삶은 행복 그 자체입니다. 아무리 부유해도 웃음이 없는 집은 무덤입니다. 그러나 가난한 흥부네 집이라 하더라도 아침저녁으로 아이들의 웃음소리가 끊이지 않는다면 그곳이 바로 천국입니다.

기쁨의 원천은 예수님입니다. 예수님을 믿기 시작하면 우리 마음에 기쁨이 자리 잡는 시간이 점점 많아지게 됩니다.

> "내가 이것을 너희에게 이름은 내 기쁨이 너희 안에 있어 너희 기쁨을 충만하게 하려 함이라"(요 15:11).
> "지금은 너희가 근심하나 내가 다시 너희를 보리니 너희 마음이 기쁠 것이요 너희 기쁨을 빼앗을 자가 없으리라"(요 16:22).

예수님은 서로 사랑하라는 계명을 주시면서 세상의 그 어떤 것도 빼앗을 수 없는 기쁨을 주시기 원하셨습니다. 예수님을 믿는 것은 주님께서 주시는 기쁨을 소유하는 것입니다. 예수님은 기쁨을 주시는 분이며, 기쁘게 살라고 당부하신 분입니다. 기뻐할 수 없다면 기뻐할 수 있도록 우리 삶을 만들어 가야 합니다. 예전에 본 만화에 나온 이야기입니다. 만화 주인공은 슬퍼하는 사람을 위로하며 이런 말을 합니다.

"어떤 아프리카 부족은 슬플 때면 하늘을 바라보고 큰 소리로 '우'라고 소리 지르고 그다음에 '하'라고 소리를 지르고 마지막으로 '하'라고 크게 소리를 지른대. 너도 한번 해봐."

그리고 그 주인공이 정말 슬픈 일을 당하자 밖으로 나가 그 아프리카 부족처럼 "나는 슬프다"라고 소리를 질렀습니다. 그 소리는 이렇게 들렸습니다.

"우. 하 .하." "우. 하. 하."

슬픔을 이기기 위해 누군가 지어낸 이야기인지, 정말 이런 부족이 있는지는 모르겠지만, 중요한 사실은 슬플 때도 "우하하"라고 외칠 수 있다면 그 사람은 슬픔을 너끈히 이겨낼 수 있을 것입니다.

우리는 항상 기뻐해야 합니다. 이것은 하나님의 명령입니다. 기쁨이 우리의 삶을 지배하기 위해서 우리는 어떻게 해야 할까요?

첫째, 기뻐할 수 없는 상황이 오더라도 기뻐하겠다는 마음을 유지해야 합니다. 기뻐할 수 있는 일이 있을 때는 마음껏 기뻐하십시오. 그리고 기뻐할 수 없는 날이 오면 하나님 앞에서 겸손하게 기도하면서 자신을 돌아보면 됩니다. 우리에게 주신 분복들을 누리며 감사와 기쁨으로 우리의 삶을 가득 채워 가야 합니다.

둘째, 작은 것에서 큰 기쁨을 찾도록 힘써야 합니다. 기쁨도 면역성이 생깁니다. 그래서 예전에는 작은 것에도 기쁨을 느꼈는데 나중에는 그것으로 만족하지 못하게 되어, 더 큰 것이 아니면 기뻐하지 않습니다. 그러나 예수님 안에서 거듭난 인생에는 모든 것이 새롭고 모든 것에 의미가 부여됩니다.

예전에 텔레비전에서 암으로 죽음을 앞둔 분들의 생활을 다룬 다큐를 본 적이 있습니다. 그중에 한 분은 선교지에 갔다가 암으로 고향에 돌아온 젊은 여자 선교사님이었습니다. 죽음을 앞두고 미용실에 가서 머리를 하고 어머니를 위해서 기념사진을 찍어놓고 사진이 예쁘게 나왔다며 기뻐했습니다. 그리고 도심을 산책하며 쇼핑을 했습니다. 죽음을 앞둔 그분은 모든 것이 새롭다고 했습니다. 거리의 모든 풍경과 사람들이 그분께는 새로웠습니다.

선교사님은 하나님의 부르심을 담담히 받아들였습니다. 천국의 소망이 있다 하더라도, 예수님께서 우리를 구원하여 천국으로 이끄시는 분명한 믿음이 있다 하더라도 때로 죽음은 우리에게 서글픔을 줍니다. 이별에 대한 슬픔과 남겨진 자들에 대한 아쉬움도 갖게 합니다. 낮아지면 작은 것에 대한 감사가 절로 나옵니다. 죽음의 문턱에 선 자는 살아 있다는 사실 자체만으로 감사하며 기쁨을 누립니다. 남이 가진 것을 바라보면 끝없는 불만이 나를 지배하지만 내가 가진 작은 것에 기뻐하기로 결심하고 돌아보면 모든 것이 새롭습니다.

셋째, 항상 기뻐하라는 의미는 나 자신에게 어떤 일이 있어도 기뻐하라고 명령하는 것입니다. 자주 명령해야 합니다. 특히, 기질적으로 우울증이 있는 분이나, 완벽주의자나, 깊은 사색을 좋아하는 신중형, 세밀한 일을 다루는 날카로운 성격의 소유자들은 스스로에게 명령해야 합니다. 내 마음에 기쁨이 떠나지 않도록 명령해야 합니다.

저는 약간의 우울증이 있고 자기반성이 강합니다. 잘한 것보다 잘못한 것에 대한 생각이 더 크게 저를 지배합니다. 그래서 설교가 끝날 때쯤이면, 그날 한 설교 중 잘못된 것들에 대한 생각이 밀려오기 시작합니다. '혹시 누가 상처받진 않았을까?', '예화가 적절한 것 같지 않다', '말이 너무 빨랐던 것 같다' 등 여러 가지 생각이 밀려옵니다. 그러면 참 마음이 괴롭습니다. 그리고 피드백을 하기 위해 설교 비디오를 다시 보는 것 또한 너무 두렵습니다. 하지만 이런 마음이 들기 시작할 때 다른 생각을 합니다. 잘못된 것보다 기뻐하실 분들을 생각해 봅니다. 그리고 제 마음에 명령합니다.

'이 생각은 하나님이 주신 생각이 아니다. 내 영혼아, 기쁨을 놓치지 말라. 기뻐하라. 기뻐하라. 내 영혼아 기뻐하라.'

어쩌면 기질적인 문제로 평생을 이렇게 싸워가야 할지 모릅니다. 그러나 분명한 사실은 저의 기질이 저의 행복과 기쁨을 앗아갈 수는 없다는 것입니다. 우리는 하나님께서 여기저기에 숨겨두신 인생의 기쁨들을 찾아야 합니다. 관계 속에서도 찾고, 사업 속에서도 찾고, 예배 속에서도 찾고, 모든 영역에서 하나님께서 우리를 위해 숨겨두신 기쁨의 선물을 찾아야 합니다. 그러면 우리 모두는 과도한 낙천주의자가 될 수 있습니다.

여기서 기억해야 할 것은 하나님이 주신 선물은 그분의 선하신 뜻 안에서 이해되어야 한다는 것입니다. 마음의 기쁨을 누리는 것이 하나님의 선물이라는 부분을 잘못 이해하여 죄를 지으면서 갖는 잠시의 쾌락을 마음의 기쁨으로 오해하거나 그렇게 악용하는 사례를 본 적이 있습니다. 죄가 세상의 모든 것을 왜곡시켰듯이, 기쁨이 왜곡된 것이 바로 쾌락입니다. 하나님이 주시며 행복을 이루는 기쁨은 파괴적인 쾌락이 아니라 내면의 기쁨이며, 창조적인 기쁨입니다. 그래서 때로는 더 큰 기쁨을 위해 현실의 고통도 감내할 수 있습니다.

그런데 이것을 잘못 적용하여 육체의 편안함과 죄악의 낙을 추구하면서 그런 삶을 누리는 것이 행복한 삶이며 하나님이 주신 선물이라고 말해서는 안 됩니다. 하나님이 주신 선한 기쁨이 무엇인지 아는 지혜가 필요하며, 그 기쁨을 지켜갈 때 어떤 인생의 풍랑이 와도 주님과 함께하는 마음의 기쁨은 사라지지 않을 것입니다.

희망

살아가는 동안 어떤 힘든 상황에서도 놓지 말아야 할 기쁨이 있습니다. 그 기쁨의 이름은 희망입니다. 인생의 큰 고난과 환난을 지나가게 될 때 희망이라는 미래의 기쁨은 현재를 견디게 하는 힘을 가져다줍니다. 희망이 사라지면 모든 것이 다 사라지고 맙니다. 그래서 무슨 일이 있더라도 희망이 사라지지 않도록 하나님의 말씀 안에서 자신을 붙잡아 두어야 합니다. 왜냐하면 하나님의 말씀 자체가 바로 희망이기 때문입니다.

예전에 읽었던 신문 기사가 생각납니다. 우유 배달까지 하며 열심히 돈을 모으던 부부가 있었는데 남편이 그만 주식에 투자해 한

꺼번에 돈을 모두 잃었습니다. 이를 알게 된 부인은 남편에게 항의했고 둘은 심하게 다투었습니다. 결국 남편은 아내를 죽이게 되었습니다. 순간적이며 우발적으로 일어난 일이지만, 그날 이 부부를 극단으로까지 몰고 간 것은 절망이었습니다. 오랜 세월 동안 우유 배달해서 모은 돈을 잃자, 그것을 다시 모으려고 하니 더 이상 용기가 나지 않았던 것입니다.

사도 바울은 복음을 전하다가 너무 심한 핍박을 받아 더 이상 살 소망조차 갖지 못했습니다. 그래서 그는 마음에 사형선고를 받았다고 자신의 심정을 표현했습니다(고후 1:9). 그러나 마음의 사형선고가 자신에게는 살 소망이 끊어지게 했지만, 결국 하나님만을 의지하게 되는 결과를 낳았다고 고백합니다.

저 또한 마음의 사형선고라는 표현이 딱 들어맞는 절망을 경험한 적이 있습니다. 마음에 솟구치는 절망을 이기고 희망을 찾기 위해 몸부림을 쳤지만 희망은 보이지 않았고, 모든 것이 불가능한 것처럼 보였습니다. 바울의 고백처럼 철저하게 전능하신 하나님만을 의지할 수밖에 없는 상황에 몰리게 된 것입니다. 하나님 외에는 다른 방법이 없었습니다. 전심으로 하나님을 찾는 과정에서 저는 할 수 없지만 저 대신 일하시는 하나님을 통해 작은 빛을 발견하게 되었습니다. 그리고 그 작은 빛은 점점 커져 희망이라는 이름으로 다가와 결국 승리를 안겨 주었습니다.

하나님을 인격적으로 만나고 또 우리 인생의 기쁨이 하나님께서 주신 선물임을 깨달은 이후, 어떤 일이 있어도 마음속의 기쁨을 상실하지 않겠다고 결심했습니다. 그 어떤 외부적인 불편함이 밀려와도 제 속에 주님께서 주신 기쁨을 잃지 않기 위해 노력했습니다. 그리고 주님께서 절망 가운데 주신 한 줄기의 기쁨이 바로 희망이라는 사실도 알게 되었습니다. 그래서 삶 속에서 그 어떤 작은 일이라도 제게 기쁨을 주는 일이면, 그것을 마음속에 꼭 간직하여 기쁨이 머물러 있도록 합니다. 그리고 큰 절망이라도 그것이 제 기쁨을 앗아가지 못하도록 지켰습니다. 마음에 기쁨이 남아 있도록 하는 가장 좋은 방법은 하나님의 말씀을 묵상하며, 하나님께서 약속하신 말씀을 외우는 것이었습니다.

우리는 늘 환경에 따라 변하며 하루에 수십 번씩 절망했다, 웃었다를 반복하지만 신실하신 우리의 아버지 하나님은 절대 변함이 없으신 영원한 하나님이시기 때문입니다.

삶에 희망이 사라지는 날, 우리는 하나님을 의뢰하는 법을 배우게 됩니다. 그토록 기다렸던 첫아이를 병원에서 유산 수술로 보내고, 아내와 집에 돌아왔을 때 차갑고 어두운 방만이 기다리고 있었습니다. 그 방에서 둘이 함께 가정예배를 드릴 때 주체할 수 없는 눈물을 흘렸습니다.

내 맘이 낙심되며 근심에 눌릴 때 / 주께서 내게 오사 위로해 주시네 / 가는 길 캄캄하고 괴로움 많으나 / 주께서 함께하며

내 짐을 지시네 / 그 은혜가 내게 족하네 / 그 은혜가 족하네 /
이 괴로운 세상 지날 때 그 은혜가 족하네.

살아가며 이 찬양을 또 얼마나 많이 불러야 할지 모릅니다. 그러나 분명한 것은 예수님이 저의 삶에 희망을 주신다는 사실입니다. 희망이라는 말조차 꺼내기 힘든 상황에 놓이더라도 예수님은 우리 삶의 희망이 되십니다. 왜냐하면 예수님은 가장 큰 절망인 죽음까지 이기시고 부활하셨기 때문입니다. 우리가 아무것도 할 수 없을 때 그분이 보여주시는 희망의 빛을 따라 걷다 보면 어느새 우리에게 주신 기쁨이 더욱더 충만해 있는 것을 보게 됩니다.

저의 숙부께서 불교신자인 친구분과 바둑을 두다가 상대방의 대마가 죽게 되었습니다. 그러자 그분이 한 수 무르자고 했답니다. 절대 안 된다고 하니까, 그분이 기독교에는 부활이 있지 않느냐, 대마가 죽게 되었으니 살려달라고 했답니다. 숙부께서는 그 말이 너무 재미있어서 한 수 물러 주고 다시 바둑을 두셨다고 합니다. 그러면서 친구의 말을 듣고 보니 '부활은 우리 기독교밖에 없구나' 하고 새삼 느꼈다고 말씀하셨습니다.

부활하신 예수님은 우리가 바라보아야 할 희망 자체이십니다. 부활은 반드시 고난을 지나야 합니다. 죽음 없이는 부활이 있을 수 없습니다. 스스로 죽음의 문턱에 가고자 하는 사람들은 없을 것입니다. 그러나 살다 보면 원하지 않았는데 사업이 어려워지고, 자녀들에게 문제가 생겨 죽음의 문턱까지 다가가는 경우가 있습니다. 낙심하며 마음의 사형선고를 받게 되는 상황이 평생에 없으면 좋겠지만 만일 생긴다면 그것을 부활의 아침이 오기 바로 전의 상황이라고 생각하면서 주님과 함께 일어나야 할 것입니다. 우리의 희망은 예수님 안에서 찾아야 합니다.

기쁨을 나누라

우리는 모든 관계가 얽혀 있는 세상에 삽니다. 우리의 태도는 곧바로 우리와 관련 있는 사람들, 특히 우리보다 힘이 약한 우리의 영향력 아래 있는 사람들에게 긍정적이든 부정적이든 영향을 미치게 됩니다. 그리고 그 영향력은 우리를 닮은 모습들을 양산하게 됩니다. 기쁨은 전염성이 아주 강합니다. 우리에게 주신 그리스도의 평안과 기쁨을 유지하며 그것을 누리려는 우리의 태도는 우리 자신을 기쁘고 행복하게 할 뿐 아니라, 우리 가족과 이웃도 기쁨을 누리게 해줍니다.

기쁨을 소유하는 법을 안다면 기쁨을 나누는 법도 알아야 합니다. 주변에 있는 사람들을 기쁘게 해주는 방법들을 배워야 합니다. 이것을 '배려'라고 합니다. 내가 굳이 하지 않아도 아무런 상관이 없더라도 나와 관련된 사람들에게 기쁨을 나누어 주고자 하는 태도를 가지고 그들을 대하는 것입니다. 먼저 배우자와 자녀들과 기쁨을 나눠야 합니다. 그리고 직장동료, 부하직원, 거래처 사람들, 그 밖에 우리의 영향력 아래에서 우리 눈치만 보면서 살아야 하는 사람들과도 기쁨을 나누고자 하는 태도를 가져야 합니다. 우리가 그들에게 기쁨을 나눠 주면 그들도 우리에게 기쁨으로 보답할 것입니다. 물론 굳이 사람들에게 나의 나쁜 감정을 숨기고 배려해야 하는가 하는 의문을 가질 수도 있습니다.

사람은 결코 혼자 살 수 없습니다. 내가 나눈 기쁨은 나의 삶의 열매로 다시 되돌려 받게 될 것입니다. 주변 사람들과 기쁨을 나누는 방법은 간단합니다. 그들이 기뻐하는 일에 함께 기뻐해 주는 것입니다. 그들이 슬퍼할 때 함께 슬퍼해 주는 것입니다.

구두 하나를 사고 좋아하는 아내를 보면 "야, 정말 예쁘다. 당신의 미적 감각과 안목은 탁월해. 정말 잘 어울려"라고 말해 줍니다. 사실 저는 여자 구두를 볼 줄 모릅니다. 그러나 그 사람이 기뻐하는 정도를 보고 거기에 반응해 주기로 결심했고, 그렇게 노력했습니다. 처음에는 힘들지만 훈련되면 나와 관련된 모든 사람들과 함께 기쁨을 나눌 수 있게 됩니다.

또한 격려해야 합니다. 잘한 일에 대해 격려를 아끼지 말아야 합니다. 사람은 누구나 인정받기를 원합니다. 특히 나와 특별한 관계에 있는 분들, 인정받고 싶은 분들에게서 오는 따뜻한 인정 한마디는 세상을 모두 얻은 것 같은 기쁨을 누리게 합니다. 대부분의 사람은 격려에 인색합니다. 자신의 삶에 기준을 두다 보니 다른 사람들이 한 일에 대해서는 양이 차지 않습니다. 그럼에도 불구하고 격려해야 합니다. 작은 것을 격려하면 더 잘하려는 마음이 생겨 모두가 행복해집니다.

　기쁨을 나누며 격려할 수 없다면 적어도 최소한 기쁨을 앗아가는 상처는 주지 말아야 합니다. 인생을 돌이켜 보면 참 많은 사람들에게 교묘한 방법으로 기쁨을 빼앗고 상처를 남긴 것 같습니다. 우리 인간의 죄성은 끝없이 다른 사람을 괴롭히는 데 익숙합니다. 하지만 예수님을 닮아가면서 조금씩 이러한 악습을 버리게 됩니다. 세상 모든 사람들에게는 '아킬레스건'이 있습니다. 건드리지 말았으면 하는 부분들이 있습니다. 그것을 평생 공격무기로 사용하지 말아야 하며 상처를 주지 않겠다고 결단해야 합니다.

　행복은 관계 속에서 만들어집니다. 내가 먼저 행복하면 나와 관계된 사람들이 행복해지고, 반대로 나와 관계된 사람들이 행복하면 나도 행복해집니다. 기쁨은 모두를 행복하고 즐겁게 해줍니다.

　오늘도 주님께서 나의 삶에 숨겨두신 기쁨을 찾아보십시오. 그리고 찾다가 주변에 있는 동료들을 위해 숨겨두신 기쁨이 있다면 그것도 찾아 주시기 바랍니다. 내 주변에 있는 기쁨을 한평생 찾고 찾아도 다함이 없도록 주님께서 준비해 두셨습니다. 나의 행복을 위해 하나님께서 숨겨두신 기쁨이 어디 있는지 찾아보십시오. 그러면 이 세상은 생각보다 훨씬 더 행복하고 기쁜 일이 많은 곳임을 알게 될 것입니다.

감사가 넘치게 하라

내 아버지의 이야기

저의 아버지를 보면 세상에서 가장 행복하게 사시는 분이라는 생각이 듭니다. 일단 성격이 선천적으로 낙천적입니다. 웬만한 어려움에 대해서는 걱정도 하지 않습니다. 설령 걱정되는 일이 있다 하더라도 금방 잊어버립니다. 무엇보다도 아버지가 행복한 것은 예수님 때문입니다. 아버지는 지금 일흔 중반을 지나시는데 시골 교회 원로장로로 교회에서 새벽종을 치십니다. 교회에서 예배 시간에 종을 치는 것은 도시에서는 생경한 모습입니다만 시골에서는 아직도 예배 시간마다 종소리가 울려 퍼집니다. 차임벨을 예배 30분 전에 한 번, 시작 10분 전에 한 번 칩니다. 얼마 전에 모였을 때 아버지와 나눈 대화입니다.

"아버지, 무릎 괜찮으세요? 병원 가보셔야 하는 거 아니에요?"

빙그레 웃으시던 아버지가 말씀하셨습니다.

"아직 괜찮다."

그러면서 자신의 최근의 삶을 말씀하셨습니다.

"무릎이 너무 아파서 '하나님 아버지, 벌써 무릎이 아프면 안 됩니다. 하나님, 고쳐주소서' 라고 간절히 기도했는데, 눈을 뜨니까 꿈이더구나. 시계를 보니까 새벽 3시여서 집에서 잠시 기도드리고 교회에 새벽종 치러 내려갔지. 새벽에 교회에 가면 아무도 없고 조용한데 혼자 새벽종을 치면, 그 찬송소리가 들리면 내 마음이 얼마나 기쁜지 모르겠다. '하나님, 감사합니다. 새벽종을 칠 수 있는 은혜 주셔서 감사합니다.'"

아버지는 오래전부터 새벽종을 치시면서 하나님과 깊은 영적 교통을 갖는 듯했습니다. 말로 표현을 잘하진 못하셨지만 그 순간이 얼마나 감사하고 행복한지는 몇 번을 말씀하셨습니다. 그때의 기쁨을 설명하는 아버지의 표정을 보자 찬송가가 생각났습니다. "예수를 나의 구주 삼고" 가사 중 3절 "주 안에 기쁨 누림으로 마음의 풍랑이 잔잔하니 세상과 나는 간 곳 없고 구속한 주만 보이도다"와 "저 장미꽃 위에 이슬"에 나오는 마지막 구절 "우리 서로 받은 그 기쁨은 알 사람이 없도다"라는 가사가 문득 떠올랐습니다.

홀로 새벽종 소리를 들으면서 기도하시는 아버지의 모습은 세상과 나는 간 곳이 없고 구속한 주님만 보이는 모습이었고, 아버지가 설명하시는 하나님과의 교제의 기쁨은 아버지 외에 알 사람이 없는 듯했습니다. 아버지는 노년에 이렇게 평안한 가운데 주님을 섬기기까지 참 힘든 인생여정을 보내셨습니다. 야곱의 고백처럼 열조에는 미치지 못하나 험한 세월을 보냈습니다. 예전에 저에게 들려주신 이야기입니다.

"산에는 호랑이도 있고, 늑대도 있단다. 그리고 저마다 다 자기들이 산의 주인이라고 말했지. 그런데 시간이 지나니 호랑이도 없어지고, 늑대도 없어지고, 매번 그들에게 잡아먹히던 토끼만 남더구나."

아버지 인생의 단면이었습니다. 남을 잘 믿는 천성 때문에 보증으로 엄청난 경제적 피해와 부담을 안으셨던 아버지는 한평생 부채의 늪에서 헤매셨습니다. 삶이 고난의 연속이었습니다. 하나님이 아니었으면 결코 한순간도 이겨낼 수 없는 시간들이었습니다.

예전에 '아버지의 기도'에 대한 주제로 칼럼을 쓴 적이 있습니다. 아마 전도사 시절에 쓴 것 같습니다. 제 칼럼집에 수록된 "아버지의 기도"의 내용을 그대로 옮겨 봅니다.

아버지는 기도하는 사람이다. 아버지가 하나님께 기도했던 세월과 시간들은 그가 살아왔던 인생의 많은 환난과도 무관하지 않다. 아버지는 남의 이야기를 잘 믿는 편이었다. 사업을 하는 친구들과 형제들의 말을 의심 없이 믿었고, 그 결과 자신을 위해서는 한 번도 제대로 써보지 못한 재산들을 보증이라는 이유 때문에 허비했고, 평생의 많은 부분을 빚 갚는 일로 보내야만 했다. 자신을 위해서나 자식을 위해서는 한 푼도 제대로 써보지 못한 채 그렇게 남의 빚잔치에 많은 인생을 보내야만 했다. 그러기에 가정은 빚쟁이들과 날아드는 은행의 독촉장으로 어수선했고, 가족이 당한 수난도 대단했지만 정작 가장 힘든 건 아버지 자신이었다.

그는 자신의 삶의 고난에 대해서 아들에게 한 번도 제대로 이야기하지 않았지만, 이미 소천하신 할머니를 통해 자살을 고려한 적이 있다는 말을 전해 들었을 때, 아들은 힘난한 아버지의 인생을 본인도 체득하고 있음을 알았다.

그래서인지 아버지 기도의 많은 부분은 경제적인 것과 관련되어 있었다. 그가 힘든 40대 중년의 고개를 넘어서고 몇 차례 경제적인 수난을 겪고 난 이후에 하나님께 드렸던 기도는 다름 아닌 아굴의 기도였다.

"나를 부하게도 마옵시고, 가난하게도 마옵소서. 내가 부하여 하나님을 모른다고 하는 것이 두렵고, 가난하여 남의 것을 도적질할까 두렵습니다."

하나님을 향한 아굴의 기도에서 강조된 부분은 부함이 아니라 가난하게 말라는 부분이었을 것이다.

아들은 경제적으로 실패한 아버지를 신뢰하지 않았다. 그리고 그를 아버지로 보기보다는 인생의 실패자로 보았다. 아버지와 아들 사이에는 보이지 않는 긴장관계가 있었고, 언제부터인가 아들은 고향에 가는 것조차 꺼렸다. 어머니가 자식을 위해 마련한 적금이 만기가 되어 찾기 불과 몇 달 전, 송두리째 빚쟁이에게 넘어가는 일이 발생했을 때 그들의 갈등은 어머니의 눈물과 함께 표출되었다. 하나님의 도우심으로 다시금 몇 번 일어선 때도 있었지만, 그러한 일들은 또 남 좋은 일로 끝났고, 가정에 남은 것은 오직 고난뿐이었다.

아버지의 실패는 계속되었고 회갑이 지나 늘 검은 줄만 알았던 아버지의 머리에 흰서리 빛이 비칠 때도 그의 삶이 힘들기는 마찬가지였다.

회갑이 지난 후 아버지의 기도는 욥의 기도가 되었고 삼손의 기도가 되었다. "나의 모년이 욥의 모년과 같게 하소서"라는 욥의 삶에 대한 동의와 회복을 갈구했고, "하나님, 나에게 마지막으로 힘을 한 번만 더 주셔서 원수들의 조롱 앞에서 하나님을 나타내소서"라고 두 눈이 뽑힌 채 블레셋 앞에서 기도하는 삼손의 절박한 절규가 바로 그의 기도였다. 그 기도를 우연히 알게 되었을 때, 아들은 잠을 이룰 수가 없었고 설움과 서글픔에 베갯잇을 적셔야 했다.

시간이 지났고 하나님은 아버지를 버리지 않으셨다. 그의 기도는 조금씩 이루어져 갔다. 아굴의 기도가 응답되었고, 욥의 기도가 이루어져 가고 있었다. 그 후 아들은 신학대학원을 졸업하고 교회에서 사역을 하게 되었다. 그리고 처음 새벽예배를 인도하는 날이 되었다.

새벽 4시에 정신을 차리고 자리에 앉은 아들에게 전화벨이 울렸다. 아직 목이 트이지 않은 거친 아버지의 목소리였다. 아버지는 늘 아침에 늦게 일어나던 아들이 걱정되었나 보다.

"일어났냐?"

"예."

"기도하자."

"예."

"하나님, 우리 아들이 오늘 설교합니다. 함께해 주십시오. 예수님 이름으로 기도합니다. 아멘."

"아멘."

"끊는다."

"예."

전화는 간단했다. 아들은 잠시 동안 자리에 그대로 앉아 있었다. 그리고 조심스럽게 일어나 교회로 향했다. 어둠이 짙게 깔린 서울의 새벽을 걷는 아들의 걸음에는 힘이 있었다. 첫 새벽 예배라는 부담도, 그 교회에서 사역을 잘할 수 있을지에 대한 염려도 없었다. 아들은 품속에 아버지의 기도를 곱게 간직한 채 교회로 향했다. 그리고 하나님 앞에서 그 기도를 살며시 풀어놓았다. 그리고 그날 아침, 아들은 이제까지 그가 알지 못했던 또 다른 아버지의 기도를 알게 되었다. 경제적인 어려움보다 더 진솔하게 아들을 향한 기도를 하고 있다는 사실을 그는 그 새벽에 알게 되었다. 나의 아버지의 기도를…….

감사하는 자에게 주시는 행복

부모님은 험난한 인생을 살아오셨습니다. 아마 이 시대를 살아가는 많은 부모님들은 험난한 시간을 보내셨을 것입니다. 부모님의 삶을 보면서 제가 깨닫는 것은 제가 누리는 모든 축복과 은총이 두 분이 쌓은 기도와 선행의 덕이라는 사실입니다. 그리고 또 다른 사실은 이분들의 삶에는 늘 감사가 넘친다는 것입니다. 작은 일에도 감격하고 감사하며 기뻐하시는 모습을 자주 봅니다. 왜 인생에 힘든 일이 없겠습니까? 그런데 늘 감사합니다. 그러니 마음에 기쁨이 넘치고 늘 행복이 충만합니다. 감히 단언컨대 이 세상에서 제일 행복한 사람은 우리 아버지일 것입니다.

이제까지 사역하면서 참 많은 사람을 만났는데 행복이 얼굴에 가득한 사람의 한결같은 특징은 작은 일에도 감사하는 것입니다. 감사하니까 마음에 기쁨이 있습니다. 늘 얼굴에 평안이 있고 웃음이 있습니다.

행복은 선택입니다. 예수님을 잘 믿는다고 해서 환난과 고통이 비켜 가는 것은 아닙니다. 물론 물질적인 복도 많이 받게 되고, 형통함의 복도 누릴 수 있으나 크고 작은 고난의 그림자가 그리스도인이라고 비켜 가지 않습니다. 또한 바울처럼 주님을 위해 살다 보면 원치 않는 고난의 상황도 맞이하게 됩니다.

세상에서 일어나는 현상만을 두고 본다면 믿는 자나 믿지 않는 자나 그리 큰 차이가 없습니다. 그러나 중요한 것은 그것을 대하는 태도가 다르다는 것입니다. 하나님을 믿는 자들은 하나님을 의뢰하기 때문에 긍정적으로 접근합니다. 이 일이 지금은 고난이 되지만 하나님께서 이것을 선하게 바꾸실 것이라고 믿으며 희망과 소망을 잃지 않습니다. 또한 작은 일에 감사하는 마음을 갖고 있습니다. 이게 무슨 축복이냐며 불평할 수 있는 상황에서도 작은 감사의 제목을 찾아내는 능력이 있고, 그 능력으로 인해 감사로 삶을 지배합니다.

탐욕을 이기게 하는 감사

감사가 인생을 행복하고 유익하게 하는 이유는 모든 고통의 근원인 탐심을 이기게 하기 때문입니다.

사람들은 누구나 더 갖고 싶어 합니다. 이 욕망은 모든 관계를 파괴하는 근원으로 아이 어른 할 것 없이 누구나 가지고 있습니다.

저의 두 딸에게도 똑같은 것을 사줘야 합니다. 인형을 사도 똑같은 것을 사줘야 문제가 없습니다. 처음에는 각자 자기가 좋은 것을 삽니다. 그러나 조금 지나면 동생은 언니가 가진 것이 더 좋아 보이고, 언니는 동생이 가진 것이 더 좋아 보입니다. 둘이 바꾸라고 하면 절대 바꾸지 않습니다. 그냥 자신의 것은 두고 다른 사람의 것을 더 가져야 합니다. 결국 한 개씩 더 사야 싸움이 끝이 납니다.

이런 문제는 아이들에게만 있는 줄 알았습니다. 그러나 어른들도 똑같습니다. 다만 갖고 싶어 하는 물건이 다르고, 좀 더 은밀하게 추구하는 것뿐이지, 오히려 더 추합니다. 어른들은 남의 물건에 관심이 많습니다. 그래서 하나님께서는 다른 사람의 것을 도적질하지 말라는 계명을 주셨습니다. 도적질은 남의 시간, 기회, 물질 등을 정당한 대가를 지불하지 않고, 부정적인 방법으로 취득하는 것을 말합니다. 십계명을 공부하면서 도적질을 새로 알게 되었는데, 남의 시간을 빼앗거나 다른 사람의 기회를 앗아가는 것도 도적질에 해당됩니다. 감옥에 가는 수준은 아니더라도 우리는 자신이 더 갖기 위해서 남의 것을 빼앗는 일들을 하고 있습니다. 이것이 우리 마음의 평안을 앗아갑니다.

탐심은 죄를 만들고, 죄는 자라서 사망에 이르게 합니다(약 1:15). 이 말씀을 쉽게 풀이해 보면 이렇습니다.

"더 갖고 싶고 더 빨리 부자가 되고 싶은 생각이 점점 커져서 하나님이 원하시는 본질에서 벗어나게 하고, 하나님이 원하시는 본질에서 벗어난 행동들이 점점 커져서 결국은 모든 것이 망하게 된다."

탐욕 때문에 쓰러지는 정치인이나 기업가들이 지금도 계속해서 언론에 회자되고 있습니다. 자기에게 주어진 것에 만족하지 못하고 조금 더 갖고 싶고, 조금 더 누리고자 하는 욕망 때문에 파멸한 사람의 예는 인류의 역사가 이어지는 한 계속될 것입니다. 그러나 하나님께 감사하며 내게 주어진 것을 감사하는 습관을 들이게 되면 자연스럽게 탐심이 사라져 가는 것을 느끼게 될 것입니다.

타인의 번성함으로부터 자유하게 하는 감사

감사가 행복을 만드는 둘째 이유는 자족을 가져다주기 때문입니다. 누가 얼마를 가졌든 스스로 만족할 수 있어야 합니다. 아무리 많이 가져도 더 갖고 싶어 하면 마음에 어려움이 생깁니다.

사도 바울은 가장 좋은 위치에도 있어 봤고, 가장 낮은 감옥에 가기도 했습니다. 산전수전 모두 경험한 후 그는 인생의 물질과 환경이 주는 유익과 환상으로부터 벗어나는 비법을 깨달았습니다. 그것은 하나님께서 주신 은총에 감사하며 스스로 만족하는 것이었습니다. 자족이 그를 행복하게 했습니다.

감사를 훈련하면 만족함을 더 많이 느끼게 되며 나아가 타인의 성공을 부러워하지 않게 됩니다. 우리는 본능적으로 타인과 자신을 비교합니다. 나와 상관없는 사람이 로또에 당첨되면 축하하지만 가까운 사촌이 땅을 사면 배가 아픈 것이 인간입니다. 나보다 더 나은 조건에 있는 사람에 대한 끝없는 부러움은 열등감과 낮은 자존감을 갖게 합니다. 마음에 불만과 불평만 가득하게 합니다. 그리고 주변과 내게 주어진 환경과 사람들을 원망하며 비난하고, 때로는 심하게 분노하기도 합니다. 비교는 모든 것을 엉망으로 만들어 버립니다. 그러나 자족하는 법을 배우면 비교가 주는 아픔과 고통으로부터 자유하게 됩니다. 타인의 성공을 부러워하거나 타인이 잘되는 것을 배 아파하지 않고 있는 그대로를 축복하려면 감사하는 훈련을 많이 해야 합니다.

진정으로 자신의 삶에 자족하는 삶은 이런 것입니다. 농부는 농부로 살아가는 자신의 삶을 사랑합니다. 정치가를 부러워하거나 기업가를 부러워하지 않습니다. 내게 주어진 직업에 자족하며 감사하는 것입니다. 타인이 어떻게 생각하든 스스로 그것에 대해 감사합니다. 자신이 농부임을 감사하며 주신 소출에 감사하고, 땀 흘려 얻은 대가에 기쁨을 누린다면 자족하며 행복한 사람이 됩니다. 그러나 도시에서 자가용을 타고 다니는 사람들이 부럽고, 내가 지금 이 일을 하는 것은 못 배웠기 때문이라며 한탄만 하고 있다면 마음이 항상 슬프고 삶도 항상 고달프게 됩니다.

내 직업과 내가 처한 위치에 감사할 줄 알아야 합니다. 감사가 처음부터 잘 되지 않는다면 훈련을 해야 합니다. 진정한 감사는 자신을 사랑할 줄 아는 힘을 가져다줍니다. 그리고 자신에게 주어진 환경이나 처지를 비하하지 않고 하나님을 원망하지 않고 자족하며 받아들이게 됩니다. 이러한 삶의 태도가 결국 우리를 행복으로 이끌 것입니다.

불평 대신 감사로 승리한 인생

그는 참 많은 역경을 경험했습니다. 결손가정 출신이었습니다. 태어날 때 이미 어머니가 4명이 있었고, 배다른 형제도 10명이나 있었습니다. 그리고 동생을 낳자마자 어머니가 돌아가셨습니다. 사춘기가 시작되는 17세에는 형들의 미움 때문에 인신매매를 당합니다. 형들의 손에 의해 노예상인에게 팔려 종살이를 시작했습니다. 종살이하는 동안 열심히 살아 보려고 노력했습니다. 그래서 사장님의 인정을 받아 점차 승진하며 자리를 잡아갔습니다. 그런데 사모님이 유혹하기 시작했습니다. 사모님이 원한 잠자리를 거부하다 오히려 강간미수라는 누명을 쓰고 감옥에 가게 되었습니다. 그래도 힘을 내어 감옥에서 열심히 살았습니다. 정치범으로 잡혀왔던 한 사람이 석방되는 데 큰 도움을 주어, 나가면 자신의 억울함을 왕에게 알려 석방케 해달라고 요청했습니다. 그러나 그 정치인은 감옥 문을 나서면서 그를 잊어버렸습니다. 그의 인생은 온통 상처뿐이었습니다. 그러나 결국 그는 그 나라의 총리가 되었으며, 나라 전체가 기근으로 허덕일 때 창고업을 통해 백성들을 모두 살리고 자신의 가족도 구원하게 되었습니다. 그는 바로 성경에 나오는 요셉입니다.

요셉의 인생은 한마디로 '감사를 통해서 승리한 인생' 입니다. 성경 어디에 요셉이 자신의 인생에 대해 감사했다는 기록이 있느냐고 반문할 수도 있을 것입니다. 직접적으로 그가 감사했다는 표현은 없지만 그의 모든 인생역경은 철저한 감사로 무장하지 않은 사람이라면 도저히 이겨 낼 수 없는 상황입니다.

감사는 소극적으로는 자신에게 주어진 상황에 대해 불평하지 않는 것이며, 적극적으로는 자신에게 주어진 상황에 기쁘게 반응하는 것입니다. 우리 인생에 주어지는 모든 상황들은 하나님의 뜻과 주권 아래 있다고 믿으며 하나님을 향해 원망하지 말아야 합니다. 설령, 나의 죄와 잘못으로 인해 발생한 상황이더라도 그것을 선하게 바꾸실 하나님을 믿으며 불평과 원망을 하지 말아야 합니다.

불평이라는 단어의 뜻을 살펴보면 '고통의 원인이 나에게 있지 않고, 다른 사람에게 있다고 생각하여 원망하는 것' 입니다. 환경에 대한 불평과 인생역경에 대한 불평은 곧바로 우리를 지으시고 인도하시는 하나님에 대한 원망입니다. 요셉은 그렇게 하지 않았습니다. 다 이해할 수 없더라도 그는 하나님을 원망하지 않았습니다. 자신의 고통과 불행의 원인이 하나님께 있다고 말하지 않았습니다. 어떤 여건 속에서도 자신에게 주신 하나님의 뜻을 발견하기 위해 최선을 다했습니다. 그것이 하나님 앞에서 그가 감사의 인생으로 반응하며 살았음을 잘 보여주는 것입니다.

요셉은 총리가 된 이후 첫아들의 이름을 므낫세라고 지었습니다. 이 이름 속에는 '이제야 내가 형들과 나에게 고통을 준 사람들을 용서할 수 있겠다' 라는 뜻이 있습니다. '망각, 혹은 이제야 잊겠다' 라는 뜻의 이름을 아들에게 지어 준 것은 그의 마음속에 많은 상처가 있었다는 것을 보여줍니다. 상처가 있음에도 불구하고 그는 그 상처들이 자신의 인생을 지배하게 두지 않았습니다. 다 이해할 수 없더라도 하나님의 뜻이 있어서 이 모든 것을 허락하셨다고 생각하며 절대 주권이 하나님께 있음을 인정하고 감사했습니다.

먼 훗날, 가난 때문에 형들이 자신에게 찾아와서 머리를 숙여 절을 할 때 비로소 하나님의 뜻을 알게 되었습니다. 가난으로부터 온 가족을 구원하기 위해 자신을 먼저 애굽으로 보내신 하나님의 뜻을 그때 이해하게 되었습니다. 그렇기에 그는 형들에게 보복하지 않았습니다. 만일, 요셉의 인생에 감사가 넘치지 않았다면, 그의 인생에 어려움을 주신 하나님을 원망하며 불평했다면 그는 스스로 목숨을 끊거나 아주 극악한 사람으로 변했을지도 모릅니다.

감사를 훈련하여 감사가 우리 인생을 지배하게 될 때 아무리 어려운 역경을 지나게 되더라도 요셉처럼 반드시 회복시키시고 영광스럽게 하시는 하나님을 경험하게 될 것입니다.

아쉬움 즐기기

인생을 다양하게 표현할 수 있겠지만 아쉬움 자체이기도 합니다. 돌아보면 '이것을 좀 더 잘했으면 좋았을 텐데', '저렇게 했으면 더 좋았을 텐데' 등의 끝없는 후회와 아쉬움이 많기 때문입니다.

아쉬움은 만족하지 못할 때 나타납니다. 우리는 평생 만족을 추구하고 살지만 인생 자체는 만족을 주지 못하므로 불행을 경험합니다. 그러나 조금만 시각을 바꾸어 보면 우리는 그 속에서도 행복을 누릴 수 있습니다. 어차피 우리 인생에 만족이라는 것이 없다면 우리는 그 속에서 감사함을 배워야 하지 않겠습니까? 감사를 배우게 되면 불만족의 요인들이 오히려 감사의 제목이 될 수 있습니다.

오늘 무슨 계획을 세우든지 분명한 사실은 그 일이 끝날 때 분명 아쉬움이 남을 것이라는 사실입니다. 따라서 아쉬움을 즐기겠다는 마음으로 시작해야 합니다. 내게 주신 시간과 기회와 모든 것이 감사하다면 인생에 남은 약간의 아쉬움도 감사할 수 있게 됩니다.

감사로 인생을 지배하는 사람은 아쉬움에 대해서도 감사할 수 있습니다. 아쉬움은 또 다른 일을 시작할 수 있는 기회를 제공하기 때문입니다. 아쉬움은 하나님께서 내게 일할 수 있는 기회를 주셨기 때문에 가능한 것이고, 내게 일할 수 있는 능력과 시간이 있기 때문에 나타나는 현상입니다.

> "소가 없으면 구유는 깨끗하려니와 소의 힘으로 얻는 것이 많으니라"(잠 14:4).

구유를 치우는 것이 힘들고, 소가 남기는 배설물을 치우는 것이 힘들면 소를 팔면 됩니다. 그러나 그것은 최선이 아닙니다. 우리 인생에 남는 아쉬움들은 우리에게 주는 큰 유익과 기쁨의 부산물일 뿐입니다. 우리가 하나님께서 주신 큰 기쁨과 선물에 집중하기보다 작은 아쉬움에 집착하기 때문에 문제가 되는 것뿐입니다. 저 또한 앞으로 많은 일을 하면서 실수도 저지를 것이고 아쉬움도 있을 것입니다. 그러나 미래에 겪게 될 아쉬움들에 대해 감사하기로 했습니다. 감사하면 아쉬움조차 즐겁게 누릴 수 있습니다. 아쉬움이 도전할 수 있는 힘을 주기 때문입니다.

우리가 더 배워야 할 감사

우리는 감사에 대해 배워야 합니다. 그렇다면 무엇에 대해 감사해야 할까요? 먼저 변할 수 없는 것들에 대해 감사할 줄 알아야 합니다. 우리가 이 땅에 태어나면서 내가 할 수 없는 것들, 그냥 내게 주어진 것들이 있습니다. 이것들을 인정하고 받아들이며 감사할 수 있어야 합니다. 요셉처럼 어쩔 수 없이 주어진 환경들을 하나님께서 나를 최고로 만드시기 위한 연단의 과정으로 받아들이며 그 속에서도 감사하는 것입니다. 이것은 자존감과 깊은 연관이 있습니다. 변화할 수 없는 것들에 대한 감사는 결국 자신을 사랑하게 하며, 긍정적이며 행복한 사람으로 바꿔 놓게 될 것입니다.

감사를 훈련하기 위해서는 가장 먼저 자신에게 주어진 것들, 출생, 인종, 성별, 조국, 부모, 외모, 바꿀 수 없는 과거들에 대해서 감사할 수 있어야 합니다. 아마 이러한 것들을 생각하다 보면 감사는 고사하고 저주처럼 여겨지는 것들이라고 한숨을 쉬게 될지도 모르겠습니다. '만약 더 좋은 환경, 더 좋은 집안에서 자랐다면 어떻게 되었을까?' 라는 생각에서 시작해 끝없는 생각이 꼬리를 물게 됩니다. 그러나 명심하십시오. 내게 주어진 것에 감사할 수 있어야 합니다. 예수님 안에서 이것들은 나에게 행복이 될 뿐 아니라, 더 연약한 자를 돕는 훌륭한 도구가 되기 때문입니다.

예수 그리스도 밖에서는 이런 모든 것을 저주로 여겨 왔지만, 그리스도 안에서는 모든 것이 새롭게 변합니다. 심지어 나의 삶의 아픔까지도 승화되어 다른 사람을 치유하는 치유의 도구가 됩니다. 하나님의 일을 하거나 남을 돕는 훌륭한 일을 하는 분들 중 많은 분들이 연약함과 상처를 갖고 있습니다. 하지만 그 상처를 극복하고 이겨내 동일한 상처가 있는 분들에게 도움을 주는 치유자로 변한 것입니다.

우리는 **지선아 사랑해**(이레)의 저자 이지선 자매를 기억합니다. 아름다운 대학생이 어느 날 음주운전자의 차량으로 인해 교통사고를 당하고, 전신 화상을 입게 되었습니다. 자매의 외모는 이전보다 훨씬 못해졌지만, 주어진 상황을 받아들이자 새로운 행복을 만날 수 있었습니다. 자매는 사고 이전보다 이후에 더 많은 사람들에게 용기를 줄 수 있었고, 희망을 줄 수 있었고, 어떻게 사는 것이 바르게 사는 것인지, 하나님을 믿는 사람의 삶의 태도가 무엇인지도 보여주었습니다. 사고는 다른 사람이 볼 때 불행이었지만, 감사하는 자매에게는 또 다른 축복의 통로가 되었습니다. 불행이 행복과 더 나아가 다른 사람을 행복하게 만드는 축복의 통로가 될 수 있었던 것은 감사 때문입니다.

로마서 8장 28절의 말씀처럼 모든 것을 합력하여 하나님이 보시기에 좋은 상태로 만드시는 하나님이심을 믿어야 합니다. 하나님 안에 들어오면 과거의 모든 것은 하나님이 보시기에 아름다운 상태로 변화하게 됩니다. 객관적으로는 보잘것없고, 객관적으로는 쓰린 과거와 환경이지만, 그것을 선하게 바꾸시며, 그것을 통해 영화롭게 하시는 하나님이 계시기 때문에 감사할 수 있는 것입니다. 감사가 삶을 지배하게 하기 위해서는 훈련해야 합니다. 삶의 순간마다 "감사합니다"라는 말을 입에 달도록 훈련해야 합니다.

대학 시절에 장애인복지단체에서 자원봉사활동을 한 적이 있습니다. 그때 정신지체 장애우들과 함께 생활했는데, 그분들은 지능이 낮아서 주변에서 자신을 도와주는 것에 대한 고마움을 모릅니다. 마치 어린아이들이 엄마가 해주는 모든 것을 당연하다고 여기는 것과 같은 이치입니다. 그런데 복지단체 선생님들은 정신지체 장애우들에게 감사를 훈련시켰습니다. 배식할 때 밥을 주면 "고맙습니다" 하고 인사하게 했습니다. 무슨 물건을 받을 때에도 "고맙습니다"라는 인사를 하게 했습니다. 그러나 그들의 눈빛을 보면 무엇이 고마운지에 대한 반응이 전혀 없습니다. 마음의 감동은 없지만 선생님들의 교육 때문에 그냥 인사하는 것입니다. 그러나 그때 깨달은 것은 마음이 담기지 않아도 감사를 표현하면 서로 행복해진다는 사실입니다.

감사는 가장 가까이 있는 분들부터 시작해야 합니다. 가까이 있기에 너무나 당연하다고 생각하는 곳에서부터 감사의 훈련을 시작해야 합니다. 가족에게 고맙다는 표현을 많이 해야 합니다. 우리나라 정서상 남편이 아내에게, 아내가 남편에게, 혹은 자녀들이 부모에게 고맙다는 말을 하기가 쉽지 않습니다. 표현하는 것에 인색하고 절제하도록 훈련된 문화 탓에, 당연하다고 여기거나 고마워도 말로 잘 표현하지 못합니다. 그렇더라도 연습해야 합니다. 처음이 힘들지, 한두 번 고맙다는 말을 하다 보면 자연스럽게 감사가 넘치게 됩니다.

가까운 분들께 감사하다 보면 나중에는 고난 중에도 감사할 수 있는 경지까지 도달하게 됩니다. 때로는 무엇이 감사한지 모른 채 상투적으로 감사를 말할 수 있지만, 이것이 쌓여서 삶의 풍성한 감사를 누리게 해줍니다. 감사는 나의 삶을 풍성하게 할 뿐만 아니라, 나와 관계된 모든 분들을 행복하게 합니다. 우리는 자기에게 은혜를 베푼 사람들에게 은혜를 보답할 줄 알고, 감사할 줄 알아야 합니다. 부모에 대해서, 목회자에 대해서, 동료에 대해서 늘 감사로 반응할 수 있어야 합니다.

감사는 반드시 표현되어야 하는데 말만으로도 충분한 때가 있지만 물질을 동반하여 표현하면 마음이 더 담기게 됩니다. 하나님께 감사의 예물을 드리는 훈련도 많이 할수록 자신이 누릴 수 있는 행복의 폭 역시 더 넓어지는 것을 경험하게 될 것입니다.

감사가 내 곁을 떠나지 않는 한 행복도 내 곁을 떠나지 않습니다. 이 세상에서 가장 행복한 사람은 감사를 가장 많이 하는 사람입니다.

3 / Chapter

행복은
상실과 성공을
넘어선다

행복은 상처와 상실감을 치유할 때 시작됩니다.
행복하려면 반드시 하나님의 은혜로
우리 속에 있는 상실의 문제가 치유되어야 합니다.
그리고 내가 추구하고 있는 부와 성공이
행복으로 이어질 수 있도록 해야 합니다.
그러기 위해서는 부와 성공에 하나님의 선한 의도를 담아야 합니다.

상실감을 극복하라

어느 자매가 풀어야 할 숙제

"따르릉, 따르릉."

전화벨이 울립니다. 목회자 집이라면 다 그렇겠지만 밤늦은 시간에도 전화가 가끔 옵니다. 특히, 청년부 사역을 하다 보면 더욱 그렇습니다. 그런데 12시가 넘었습니다. 너무 늦은 시간이라 가슴이 철렁거립니다. 늦은 시간에 집으로 걸려오는 전화는 좋은 일보다는 그렇지 않은 쪽이 많기 때문입니다.

전화기를 들자 반가운 청년부 자매의 목소리가 들려왔습니다. 그런데 많이 울었는지 목이 잠겨 있었습니다. 자매는 단도직입적으로 이야기를 시작했습니다.

"목사님, 그토록 기도했는데 왜 변하는 게 아무것도 없죠?"

자매를 진정시키고 다시 물었습니다. 이야기를 하는 동안 수화기 너머로 그릇 깨지는 소리와 고성이 간간이 들려 왔습니다.

자매의 아버지는 술을 마시면 어머니를 폭행했습니다. 그 문제로 자매는 늘 가슴 졸이며 하나님께 기도했습니다. 그날도 교회에서 오랜 시간 기도하고 돌아왔는데, 있지 말아야 할 일이 또 발생한 것입니다. 어머니를 폭행하던 아버지를 말리다가 자매도 맞았습니다. 분노와 기도 응답이 없는 것에 대한 답답함과 자신의 처지에 대한 서글픔이 한꺼번에 밀려왔습니다. 자매는 전화로 한참 이야기했습니다.

알코올중독과 가정폭력은 주변에서 심심치 않게 들려오는 주제입니다. 멀쩡한 가장이 술만 마시면 가정에서 폭력을 행사합니다. 가장 행복하고 아름다워야 할 가정이 전쟁터가 되어 버립니다. 특히, 어린 자녀들은 엄마가 맞는 동안 숨을 죽이며 그 공포의 시간을 견뎌야 합니다. 부부싸움이나 가정폭력에 노출된 아이들이 경험하는 고통은 어른이 포탄이 떨어지는 전쟁터에서 느끼는 공포보다 더 크다고 합니다.

자매는 그 후 저와 몇 차례 상담을 했는데 상담 중 폭력의 대물림에 대해 이야기해 주었습니다. 아버지의 문제도 있지만 어머니의 반응에도 문제가 있으며, 폭력성이 자매에게도 대물림될 수 있다는 것을 말해 주었습니다. 저의 말을 듣고 자매는 깊은 공감을 드러냈습니다.

"목사님, 예전에 사귀던 남자 친구가 있었는데요, 그 친구와 한 번 싸운 적이 있어요. 그런데 그때 저도 모르게 제가 아빠에게 하는 엄마처럼 그렇게 싸우고 있는 거예요. 제 모습을 보고 저는 너무나 두려웠어요. 제 속에 그런 모습이 있다는 건 꿈에도 몰랐어요."

자매는 그때의 충격으로 결혼에 대한 소망도, 미래의 가정에 대한 희망도 더욱 불투명하게 되었다고 했습니다.

때로는 부모에게 사랑을 받고 자라야 할 아이가 역기능적인 부모 때문에 부모의 역할을 대신해야 할 때가 있습니다. 부모의 풍성한 사랑 속에서 아이는 사랑을 받고 행복을 느낍니다. 그리고 그 행복을 다시 다른 사람들에게 전해 줍니다. 그런데 부모가 사랑의 결핍으로 문제를 만들기 시작하면 먼저 예수님을 믿는 자녀가 그 일을 바로잡아야 하는 경우가 생깁니다. 이때 아이에게는 엄청난 에너지가 소요됩니다. 가정을 바로 세우기 위한 힘든 여정을 걸어가야 합니다. 가정 속에 있는 불행의 고리를 부모가 끊어 주어야 하는데, 예수님을 먼저 믿었고, 예수님의 사랑을 먼저 알았다는 이유 때문에 자녀가 그 고리를 끊기 위해 노력합니다. 그 짐을 아이들에게 지게 한다는 것이 참 미안하고 안쓰럽습니다.

자매에게 가정의 행복을 찾는 것이 자녀 쪽에서 시작되면 평생 풀어도 다 풀지 못할 수 있다는 것을 알려 주었습니다. 아버지를 사랑하되 이제는 아버지로 보는 것이 아니라, 사랑이 필요한 대상으로 보고 끝없이 지지해 주며 격려해 줄 것을 조언했습니다. 평생 품에 안겨서 행복을 느끼고 사랑을 느끼게 해주었어야 할 아버지에게 오히려 한없는 사랑을 보내야 한다는 것은 딸에게 다소 힘들고 가혹한 일이었습니다. 그러나 제가 만난 몇 명의 아이들은 그 일을 잘 해냈습니다. 그리고 치료와 회복이 생각보다 빨랐습니다.

"목사님, 제가 아빠를 사랑하고 싶은데요, 잘 되지 않아요. 한번은요, 세숫대야에 물을 떠 와서 아빠 발을 씻겨 드렸어요. 그러면서 '아빠, 난 아빠를 사랑하고 싶은데, 아빠가 너무 미워요' 라고 말하다가 울었어요……."

그 일이 있고 난 이후, 아버지가 조금씩 변하기 시작했다고 합니다. 술도 줄이고 딸의 눈치도 보기 시작했습니다. 지금도 그 가정은 조금씩 아름답게 변화하고 있습니다.

상실의 삶

가끔 기가 막힌 메일들을 받습니다. 지금 그 메일들을 공개할 수 있는 것은 그분들의 고통이 계속되지 않고, 하나님의 은혜와 회복이 그들에게 임했기 때문입니다. 한 자매는 지인으로부터 상담 부탁을 해와 처음 만나게 되었습니다. 우리는 **하나님의 연단**(프리셉트)이라는 케이 아더의 책으로 함께 공부했는데, 어느 정도 시간이 흐른 후 제게 메일을 보내왔습니다. 이미 표면적으로 나타난 어려움과 상실감의 무게도 엄청난데 메일에 적힌 어려움까지 있었다는 것을 알고 안타까웠습니다. 그 자매가 용케 견뎌내며 이겨온 것은 지금 생각해 봐도 하나님의 도우심과 기적이라고 생각됩니다. 주변에는 상처와 상실감으로 힘겹게 사는 분들이 참 많습니다. 그들에게 하나님의 위로와 승리가 임하길 기도합니다. 내용 중 일부를 발췌해서 싣습니다.

밤 근무를 하고 지금 들어왔습니다. 갑자기 피곤이 몰려오니다. 잠시 후에 친구를 만나야 하는데…… 나갈 수 있을까 염려가 됩니다.

목사님! 제 이야기를 또 나누어야 할 것 같습니다. 익히 대강은 아시리라 생각합니다.

저의 가정! 참 주의 종들도 많고 모두 다 하나님을 바라며 사는 이들 같지만…… 속속들이 문제투성입니다. 허나 엄마의 헌신과 믿음은 우리 가문을 하나님의 기업으로 세우는 하나님의 통로였습니다. 겉으로는 참 믿음의 가정입니다. 허나 아픔이 참 많습니다.

그래도 축복의 도가니 속에서 살아가고 있습니다.

목사님! 어버이날 선물로 부모님 건강검진을 해드렸는데…… (그때 상황이 되어 오빠도 검진을 시켰는데) 오빠가 위암을 진단받게 되었습니다. 그때부터 저에겐 연단이 시작되었습니다. 하나님의 연단, 하나님이 일하여 주셨습니다. 악성 위암인데 초기에 발견된 터라 위를 반절 들어내면서 치료를 시작하였고요, 3년 항암 치료도 받았고요, 오빠가 입원했다가 퇴원하고, 엄마가 입원을 하고 퇴원하고, 제가 과로로 입원을 하던 중에 제 남동생이 사고를 쳐서 때아니게 제 이름으로 엄청난 빚을 지게 되었어요. 엎친 데 덮친 격이라고, 작은 형부 보증이 잘못되어 언니네 빚까지…….

하루하루 절망과 낙망 같은 상황에서 저는 날마다 그분을 느끼면서 참 행복해하면서 모든 훈련을 은혜 안에서 받았어요. 결국 천국과 지옥을 같이 맛보기도 했습니다. 여러 환경과 우겨쌈으로 저에겐 결국 월급 차압까지 왔습니다.

그때 제가 한 달 열심히 일하고 월급으로 통장에 만 원이 들어왔습니다. 그것도 6개월 동안……. 절망도 하고 낙심도 많았지만 우리 하나님이 기가 막힌 순간들을 연출하셔서 살아가게 하셨답니다. 너무 울어 눈을 제대로 못 뜨면서 살았던 기억도 있습니다.

(중략)

정말로 큰 은혜는 하나씩 해결되어지고 있음을 제가 눈으로 확인하고 있다는 것입니다.

샬롬! 오대희 목사님.

끈질긴 동역자, 김 목사입니다.

가끔 목사님 홈에 들러서 어떻게 사시나 보기는 했습니다.

사역지를 옮기셨네요. 든든한 분 옆으로 가셨습니다. 축하드립니다. 그곳에서도 목사님의 섬김의 사역을 통해서 주님께서 영광받으시고 사람들이 행복해지기를 기도하겠습니다.

이렇게 이메일을 드린 이유는 제 기도 부탁을 드리기 위해서입니다.

저는 다음 달 다른 나라로 갑니다. 가족 모두 갑니다.

지난 2~3년의 기간은 제게 참으로 힘든 시간이었습니다. 둘째 아이의 죽음과 셋째의 유산, 그리고 사역지에서 갖가지 이유로 사역을 중도하차하게 되었고, 큰 교통사고로 두 달간 병원신세를 져야 했습니다. 이런 시간을 거치면서 제 교만하고 부족한 모습들이 더 많이 깎여야 한다는 그분의 음성을 듣게 되었고, 조금씩이나마 성장하고 있음에 그저 감사할 따름입니다.

작년에 새롭게 시작한 사역도 작년 말 돌연 중도하차하게 됐습니다. 또 한 번의 고배로 인해 다른 이들을 많이 원망했지만 주님 앞에서 제 자신을 돌아보며 역시 제 자신이 신을 벗지 못하는 탓이었음을 깨닫고 있습니다. 좀 더 많은 것을 보고 제 자신도 돌아보라는 마음을 주셨기 때문입니다. 이제껏 제 마음을 표현한 적이 없지만 목사님을 늘 존경하며 본으로 삼으려고 노력 중입니다.

부족한 후배가 기도 부탁드립니다.

이 두 메일 외에도 참 기막힌 소식들을 목회현장에서 접하게 됩니다. 가정을 살려 보려고 진학도 포기한 채 공장에서 일해 모은 돈을 고향으로 보냈는데, 아버지가 그 돈을 술과 도박으로 탕진하고 가정이 더 엉망이 되었다는 소식에 낙담하여 자살을 시도한 자녀들의 이야기나, 남편의 가정폭력으로 너무 일찍 결혼생활이 부서져 모든 꿈을 잃어버린 자매의 이야기 등 이런 이야기는 신문기사에 난 이야기가 아니라, 우리의 주변에서 일어나고 있는 고통의 소리들입니다.

고통과 고난은 우리가 죽을 때까지 안고 가야 하는 문제입니다. 우리에게 호흡이 붙어 있는 한, 고난이라는 주제는 늘 우리와 함께 있을 것입니다. 경제적으로 나아지면 고난이 없어질 줄 알았습니다. 그러나 고난은 양상만 달랐지 인생과 더불어 끝이 없습니다.

새로남교회에는 신임 부교역자들이 오면 신년수련회에 가서 간증을 하는 시간이 있습니다. 저보다 늦게 오신 분들이기에 연배나 경험에서 모두 저보다 뒤의 분들입니다. 그런데 한결같이 그분들 속에는 이해하기 힘든 기가 막힌 고난이 있었습니다. 너무 힘들고 고단한 삶 때문에 어려서 자살을 결심했던 분, 화재로 인해 모든 것을 잃었던 기억, 가족을 상실한 경험, 부모의 부채를 오랜 노동으로 갚아야 했던 일, 아르바이트 없이는 학교를 다닐 수 없어 야간을 다녀야만 했던 기억, 평생을 달고 살아야 할 지병으로 고통했던 경험, 평생을 따라다니는 지긋지긋한 가난의 굴레…….

그분들의 이야기를 들으며 하나님의 사람은 고난이라는 용광로를 통해 만들어진다는 것을 알았습니다. 만일 그분들에게 그런 시련이 없었다면 목회자가 되었을까 생각해 보았습니다. 그리고 또 그런 시련을 극복하지 못했다면 목회자가 되었을까 생각해 보았습니다. 지금도 어디선가 고난과 고통이 하나님의 사람들을 만들어 가고 있을 것이라는 생각을 하면서, 고난 속에서 연단되고 있는 미래의 하나님의 사람들을 위해 조용히 기도드렸습니다.

우리의 행복을 빼앗아 가는 것들

행복이라는 말은 추상적이며 형이상학적으로, 측정할 수 없고 수치로 증명할 수도 없습니다. 행복은 마음에 느끼는 만족감을 의미합니다. 행복했으면 좋겠다고 생각하는 분들의 경우 두 가지 부류가 있습니다.

첫 번째는 결핍이나 상실로 인한 불행을 극복하고 싶다는 간절한 소망 때문에 행복을 간구하는 사람들입니다. 그분들에게는 지금의 고통, 상실을 벗어나는 것이 가장 큰 소망입니다. 그 외의 다른 행복은 사치처럼 여겨지는 절박한 상황에 놓인 분들입니다. 경제적인 문제, 정서적인 문제, 관계의 문제, 신체의 문제 등 여러 문제에서 최소한 지켜져야 하는 안전의 욕구가 침해받고 있습니다.

두 번째 부류는 더 나은 무엇을 위한 갈망 때문에 행복을 추구하는 것입니다. 어느 정도 안정은 되어 있지만 마음은 언제나 공허하며 또 다른 그 무엇이 있을 것만 같은 답답함 속에서 사는 사람들입니다. 다른 사람들이 보면 배부른 고민 같지만 삶의 의미와 목적과 행복을 찾지 못한 이들에게는 심각합니다. 오히려 자살률은 삶의 의미를 상실한 사람들이 더 높은 것을 보게 됩니다.

세계보건기구(WHO)에서는 부와 자살률이 상당한 연관이 있으며, 경제적으로 부유하고 기후가 좋은 나라일수록 자살률이 높다고 합니다. 우리나라도 과거 어려운 시절보다 물질적인 풍요를 누리는 요즘에 안타까운 소식들을 더 많이 듣게 됩니다.

행복했으면 좋겠다고 느끼는 사람들이 갖는 상실감의 종류는 다양합니다. 이 상실감을 야고보 사도는 시련이라고 했습니다. 시련은 외부로부터 오는 강한 불쾌감을 말합니다. 내가 원하는 것도 아니며, 내게 기쁨을 주는 것도 아닙니다. 시련은 매우 강한 불쾌감과 고통을 가져오는데 시련이 오면 분노하게 됩니다. 왜 나에게 이런 일이 일어나느냐며, 하나님과 세상을 향해 분노합니다. 그리고 사람들에게도 분노로 반응합니다. 외부에서 오는 시련은 나의 마음에 큰 풍랑을 일으키며 관계를 파괴하고 행복을 앗아갑니다. 야고보 사도는 그런 시련이 올 때 기쁘게 반응하라고 했습니다. 상실감이 더 큰 상실을 주지 못하도록 기쁨으로 반응하며, 기쁨으로 승화시키라고 했습니다.

행복 파괴의 주된 원인은 가장 기본적인 욕구에 관한 것들로, 먹는 것에 대한 위협, 신체에 대한 부자유, 질병, 고통, 주거에 대한 위협 등 기본적인 욕구가 침해받고 있는 것에 대한 불만으로부터 시작합니다. 신체장애를 가지신 분들의 소망은 단 한 번이라도 자유로운 몸을 갖고 싶다는 것입니다. 시각장애우들은 한 번이라도 빛이 비취는 세상을 보고 싶어 합니다. 많은 장애우들은 신체적인 고통 외에도 경제적인 어려움을 겪습니다. 우리는 그들의 고통을 가볍게 여기지 말아야 합니다. 할 수만 있다면 그들의 짐을 나눠 짐으로써 그들의 인생의 무게를 조금이라도 가볍게 덜어 주어야 합니다.

경제적인 고통도 엄청난 상실감을 줍니다. 일반적으로 가장 많은 사람이 경험하는 고통이 경제적인 고통일 것입니다. 열심히 살아 보겠다고 돈을 모았는데 사기를 당해서 하루아침에 거지가 되는 경우가 있습니다. 이런 경우에는 상실감이 너무 커서 살아갈 의지가 없어집니다. 그리고 사기 친 사람에 대한 배신감과 억울함이 마음을 깊이 눌러 다른 질병을 동반해 삶이 엉망진창이 되어 버립니다. 특히, 가장으로서 가족을 경제적으로 책임지고 돌봐야 하는데, 실직이나 사업실패나 기타 여러 가지 이유로 그렇지 못한 상황에 처할 때의 절박함은 경험해 본 사람만 압니다. 돈은 사람을 참 힘들고 피곤하고 비참하게 만듭니다.

가족을 잃어버린 상실감도 큽니다. 어린 자녀를 잃은 부모의 마음을 누가 알겠습니까? 특히, 유괴나 실종으로 생사조차 확인할 수 없는 상황에 놓인 부모의 심정을 누가 알겠습니까? 많은 경우, 그런 고통을 경험한 가정들은 가정해체라는 또 한 번의 고통을 경험한다고 합니다. 심리학자들은 세상에서 겪는 가장 큰 고통을 부부 사별로 정의하고 있습니다. 그러나 이것은 서양의 경우이며, 우리 민족의 문화와 정서를 고려해 볼 때 한국적인 상황에서 가장 큰 고통은 자녀를 잃는 것입니다. 모든 것이 엉망이 되어 버리는 엄청난 상실감을 경험하게 됩니다. 누가 이들을 위로하며, 이들에게 행복을 줄 수 있을까요?

오래전에 고향에서 어린 딸의 죽음을 경험한 후 그곳을 떠난 부부가 있었습니다. 제 고향에는 결혼하지 않은 사람들의 무덤은 만들지 않는 문화가 있어서 그 아이도 아무도 모르게 산에 묻혔습니다. 병원에 입원해서 "주여 나의 병든 몸을 지금 고쳐 주소서"라는 찬송을 엄마와 함께 부르던 그 아이의 모습이 지금도 눈에 선합니다. 그리고 경제적인 이유로 더 이상 병원에 있을 수 없어 퇴원하는 날, 한 손은 제가 사 준 인형을 안고, 또 한 손은 엄마 손을 붙잡고 간호사들에게 인사를 하며 병원을 나서던 그 아이의 모습이 아직까지도 슬픈 기억으로 남아 있습니다. 그리고 며칠 후, 하나님께서 그 아이를 부르셨다는 소식을 들었습니다.

오랜 시간이 지난 후에 그 부부가 다시 고향을 찾았습니다. 아이의 엄마는 아이가 묻힌 산속 여기저기를 둘러보며 아이의 무덤 자리를 찾았습니다. 부모가 죽으면 산에 묻고 자식이 죽으면 가슴에 묻는다는 말이 무엇인지 묵묵히 지켜보았습니다.

목사가 된 후 장례를 많이 접하게 되었는데 가슴 아픈 죽음 또한 많이 경험했습니다. 가난한 집에 엄청난 부채를 남겨 둔 건강한 가장이 일하러 나갔다가 교통사고로 갑자기 사망한 일이 있습니다. 영안실에 모인 가족들은 저를 찾았고 사고가 난 지 몇 시간 지나지 않은 상황에서 예배를 부탁했습니다. 시신 수습도 채 되지 않은 상황에서 예배를 드려달라는 요청은 도저히 이해할 수 없는 갑작스러운 죽음을 말씀으로 해석해 달라는 부탁이기도 했습니다. 그날 어떻게 설교했는지 저도 잘 모르겠습니다. 그런 경우에는 천사가 내려와서 설명해 주었으면 좋겠다는 생각이 마음속에 간절하게 생깁니다.

뇌사상태에 놓인 아들의 장기기증으로 3명에게 새 삶을 준 이야기를 기사로 본 적이 있습니다.[3] 아이의 장기를 기증한 부모가 아들에게 마지막으로 보낸 편지가 병원 관계자를 통해 신문기사로 알려지게 되었습니다. 다섯 살 난 아들 준호에게 아버지가 보내는 편지였습니다.

"정말 사랑스럽고 귀여운 아들아"로 시작되는 편지는 "너의 뜻은 아니겠지만 엄마, 아빠가 생각하기에 이 세상에 태어나 마지막으로 다른 아픈 사람들을 살려 주고 간다면 무엇보다 보람된 일이 아닐까 생각한다. 하늘나라 가서도 우리 아들 좋은 일 하고 왔다고 하나님께서 칭찬하실 거란 생각에 엄마, 아빠가 많은 눈물을 흘렸지만 장기기증을 결정했다. 아가야, 엄마, 아빠의 아들로 태어나 줘서 정말 고마웠고 너처럼 잘생기고 예쁜 아이를 키워 볼 수 있어서 행복했다"고 적고 있습니다. 그 기사를 읽고 얼마나 울었는지 모릅니다. 무엇으로도 설명할 수 없는 힘든 상황에서도 아름다운 선택을 한 그 부부를 하나님이 크게 위로해 주시길 기도했습니다.

데이비드(David)와 낸시 거스리(Nancy Guthrie) 부부는 세 자녀 가운데 두 자녀를 하나님께 보내는 고통을 겪었습니다. 그들은 자신들에게 닥친 마음의 아픔이 그 어떤 말로도 위로되지 않는다는 것을 알았습니다. 아이들이 더 좋은 곳으로 갔을 것이라고 위로하는 사람들을 향해 "그 아이는 나와 함께 있는 것이 더 행복할 겁니다"라고 되뇌기도 했습니다. 그 부부는 고통을 바르게 이해하려면 어떠한 일이 있어도 하나님의 신실하심과 그분의 계획에 대해 흔들리지 않는 믿음과 확신이 있어야 함을 경험하게 되었습니다. 그리고 그들은 가족을 잃은 상실의 아픔에 빠진 사람들을 돕고 위로하는 사역을 진행하며[4] 하나님 안에서 그분이 주시는 능력으로 상실을 넘어서고 있습니다.

모든 것을 다 수용하지 못하고 모든 것을 다 이해할 수는 없지만, 눈물과 고통이 없는 천국을 예비하신 하나님이 계시며, 그곳으로 우리를 인도하시는 예수님이 계심에 감사를 드리게 됩니다. "밤 지나고 저 밝은 아침에 기쁨으로 내 주를 만나리"라는 찬송가 가사처럼 밤이 지나고 고통 없는, 오직 기쁨만이 있는 내 아버지의 품이 있다는 것이, 그리고 그곳에 내 사랑하는 분이 계시다는 위로가 없다면 어찌 이런 상실을 견뎌 낼 수 있겠습니까?

상실감 극복하기

행복은 상실감이 회복되는 것을 말합니다. 상처가 회복되지 않고, 마음의 상실감이 회복되지 않은 상태에서 행복을 말한다는 것은 어불성설입니다. 상처가 있다면 치료받아야 합니다. 자신의 상처를 회복하고 상실감을 극복하는 것은 행복으로 가는 중요한 과정입니다. 지금도 이 세상에는 인생의 한 시점에 혹은 한 기간에

받은 마음의 상처로 인해 그것을 극복하지 못한 채 한평생을 마음의 병을 갖고 살아가는 사람이 많이 있습니다. 물질적인 손실이나 환경적인 상실과 달리 마음의 상처는 반드시 치료되고 회복되어야 합니다. 행복은 상실감 회복을 기초로 하지만 상실감 극복만을 의미하진 않습니다.

하버드 대학교 연구팀은 1930년대에 입학한 268명의 삶을 72년 동안 추적하면서 행복한 삶에 공식이 있는가를 연구하기 시작하였습니다. 이들은 2차 대전 참전과 결혼과 이혼, 직업적 성공과 실패를 경험하며 노년에 이르게 되었습니다. 이들이 40세에 이르렀을 때에는 4명이 미국 상원의원에 출마했고, 대통령자문위원, 대통령, 베스트셀러 작가가 1명씩 배출되었습니다. 반면 그 그룹 중 20여 명은 정신질환 범주에 포함되어 치료를 받기도 했습니다. 그 연구에서 내린 결론은 행복의 조건은 '인생의 고통에 대해 어떻게 대응하는가' 와 관련 있다는 것이었습니다.

심리학적으로 건강한 방어기제(defense mechanism)를 가진 사람들이 행복하다고 봅니다.[5] 방어기제란 자신에게 나타나는 고통이나 잠정적인 상황을 해석하여 상처로부터 자신을 보호하는 심리적인 행동을 말합니다. 부정, 억압, 합리화, 투사, 승화 등의 방법으로 마음의 고통을 줄여가는 것입니다. 다시 말하면, 누구나 고통을 당하게 되는데, 그 고통을 자신의 삶에서 얼마나 잘 승화시켜 극복하는가가 행복의 중요한 열쇠입니다.

고통은 우리 마음에 슬픔과 아픔을 남기는데 이것을 긍정적인 감정으로 승화시킬 수 있는 사람들이 행복하게 됩니다. 인생에는 크고 작은 고통들이 있습니다. 그러나 중요한 것은 그 고통의 의미를 고통으로 머물게 두는 것이 아니라, 내 삶의 또 다른 의미로 발전시키는 것입니다. 믿음은 고통의 의미를 해석하고 하나님을 찾게 하는 중요한 수단이 되기도 합니다. 그래서 예수님을 믿는 사람들이 고통을 더 잘 견디며 하나님 안에서 그 의미를 해석하기 때문에 믿지 않는 사람들보다 더 행복한 삶을 살게 됩니다. 하나님은 우리가 고통을 극복하길 원하시고, 극복 방법들도 말씀을 통해 알려 주셨습니다. 다음 장에서 이 방법들을 계속 나눌 것입니다.

유대교 경전 '미드라시'에 나오는 이야기입니다. 다윗 왕이 전쟁에서 승리하면서 돌아올 때 자신의 일을 기념하고 싶어 했습니다. 그래서 부하에게 기념이 될 수 있는 반지를 만들라고 지시했습니다. 그러면서 왕은 몇 가지 주문을 했습니다.

"내가 승리하고 돌아올 때 그 반지를 보면서 자만하지 않게 되며, 내가 패배하거나 실패했을 때 그 반지를 보면서 좌절하지 않게 되는, 그런 반지를 만들어라."

신하는 심히 고민이 되었습니다. 도대체 어떤 글귀가 승리하는 날 자만하지 않고, 실패하는 날 좌절하지 않게 할 수 있는지 도무지 생각나지 않았습니다. 그래서 지혜로운 솔로몬에게 찾아갔습니다.

"어떻게 하면 왕이 기뻐하시는 말을 이 반지에 새길 수 있겠습니까?"

그때 솔로몬은 좋은 글귀를 하나 알려 주었습니다. 그리고 그 글귀를 새긴 반지를 만들어 왕에게 주었습니다. 그 반지에는 "이것도 지나가리라"라는 말이 적혀 있었습니다.

승리의 순간도 지나갑니다. 그러면 자만할 수 없습니다. 슬픔과 고통의 순간도 지나갑니다. 우리가 낙망할 이유가 없습니다. 우리의 인생은 그렇게 지나갑니다. 저에게도 이 이야기가 위로가 된 적이 있습니다. 고통이 길지 않겠다는 말은 위로가 됩니다. 우리의 상실감도 지나갑니다. 고통의 순간은 지나가고 하나님의 위로의 시간이 우리를 기다리고 있을 것입니다. 고통과 상실의 순간들이 지나가지 않는다면 우리가 무슨 힘으로 살아갈 수 있겠습니까? 모든 것은 다 지나가게 되어 있습니다. 고통뿐 아니라, 영광의 순간도 지나갑니다. 인생 자체가 결국 지나가게 된다는 것입니다. 새로남교회 강대상 위에 항상 붙어 있는 표어가 있습니다.

"한 번뿐인 인생 속히 지나가리라. 오직 그리스도의 일만은 영원하리라."

우리가 어디에 관심을 두고 무슨 목표로 살아야 할지를 늘 생각하게 하는 구절입니다.

행복은 상실감 회복, 그 이상의 것입니다. 앞서 언급한 것 외에도 더 많은 상실감을 경험하신 분들은 그 문제만 해결된다면 나는 행복할 것이라고 생각합니다. 물론 상실감의 극복 없이 행복을 기대하기란 힘들지만 또 하나 잊지 말아야 할 것은 상실감을 극복했다고 행복해지는 것은 아니라는 것입니다.

극단적인 예가 될지 모르지만 한번 생각해 봤으면 좋겠습니다. 눈을 뜨면 행복해지겠다고 생각하는 장애인이 있습니다. 그러면 지금 눈을 뜨고 있는 모든 사람들은 행복합니까? 아닙니다. 돈이 없는 분들은 돈이 많으면 행복이 올 것이라고 생각합니다. 그러면 왜 부자들이 자살을 하겠습니까? 상실감의 극복은 행복의 필요조건입니다. 반드시 필요합니다. 이것을 부정해서는 안 됩니다. 그러나 충분조건은 아닙니다. 상실감이 극복되었다고 모두 행복해지는 것은 아니라는 뜻입니다. 행복은 상실감 회복, 그 이상의 것입니다.

행복은 자신이 얼마나 큰 만족과 기쁨을 누리고 있는가의 문제입니다. 사도 바울은 좋은 가정에서 태어나 당대 최고의 학문을 마쳤습니다. 당시 유력자들이 돈으로 사려고 했던 시민권을 그는 태어나면서부터 갖고 있었습니다. 그러나 예수님 때문에 감옥에 가며, 굶주림과 죽음의 문턱을 넘나들면서 극한 고통을 경험했습니다. 남의 병은 고쳐주면서 자신의 육체적인 질병은 고치지 못한 채 병을 달고 살아야 했습니다. 바울은 이와 같이 극과 극을 달리는 환경의 변화 속에서도 행복했습니다. 그 이유는 그가 물질의 변화에 상관없이 만족과 기쁨을 누리는 일체의 비결을 배웠기 때문입니다(빌 4:11-12).

가난이라는 상실이 우리에게 고통을 주지만 그것으로 인해 행복을 배우게 되고 행복을 소유하게 됩니다. 세상에서 모든 것을 다 잃는 경우는 없습니다. 특히, 예수님 안에 있는 우리에게는 모든 것이 합력하여 하나님이 기뻐하시는 선을 이루기 때문에 절대 절망할 필요가 없습니다(롬 8:28). 우리의 절망과 상실조차도 하나님 안에서는 행복으로 바뀌기 때문입니다. 하나님은 반드시 우리의 상실과 절망을 행복으로 바꾸어 주시는 분입니다.

행복은 마음의 문제입니다. 물질의 소유와 좋은 환경의 문제가 아니라, 내 마음에 얼마나 만족함과 감사함과 기쁨이 넘치는가 하는 문제입니다. 오래전에 국가별 행복지수를 조사했을 때 가난한 나라의 행복지수가 부자나라의 행복지수보다 훨씬 더 높다는 통계를 본 적이 있습니다. 우리의 마음이 감사로 넘치며 넉넉할 때 우리 속에 행복이 깃들게 됩니다.

불만족 해결은 만족을 의미하지 않는다

경제학자 허즈버그(Herzberg)는 '욕구 2요인론'(two-factor theory)이라는 이론을 만들었는데, 이 이론은 우리에게 시사하는 바가 아주 큽니다.

1950년대 미국 피츠버그에서 200명의 회계사와 기술자들을 대상으로 만족과 불만족의 경우를 점검했습니다. 연구를 진행하면서 놀라운 사실을 한 가지 발견하게 되었는데, 월급이 적으면 불만족하지만, 월급이 많아진다고 해서 만족하지는 않는다는 것을 알게 되었습니다.

공장에서 사람들이 일을 합니다. 허즈버그는 어떻게 하면 생산성을 극대화할 수 있을까 연구하다 사람들이 행복하고 평안하며, 즐거운 상태에서 일을 하면 생산성이 극대화될 수 있을 것이라는 생각을 갖게 되었습니다. 그래서 가장 먼저 그들의 불만을 해결하기 시작했습니다.

"더워요. 시원하게 해주세요. 시원하면 훨씬 더 일을 잘할 겁니다."

또 다른 사람이 말합니다. "회사까지 오는 교통편을 해결해 주세요", "탁아시설을 만들어 주세요", "월급을 올려 주세요" 등 많은 요청을 받았습니다. 그리고 그 욕구를 해결해 주기 시작했습니다.

그런데 놀라운 사실 하나를 발견했습니다. 그것은 불만족 해결은 만족을 의미하지 않는다는 것이었습니다. 그는 더 나아가 사람에게는 만족 요인이 따로 있다는 것을 알게 되었습니다. 불만족 요인을 해결한다고 만족하는 것이 아니라, 사람이 만족하려면 만족 요인이 충족되어야 합니다. 그래서 그는 '욕구 2요인론'을 만들게 되었습니다. 사람들에게는 욕구가 있는데 이 욕구는 만족 요인과 불만족 요인으로 나뉩니다. 그리고 불만족 요인을 해결해 가는 것이 결코 만족을 의미하는 것이 아님을 발견하게 된 것입니다.

대부분의 사람들은 불만족 요인을 해결하기 위해 평생을 살아갑니다. 그러면 행복해질 것이라고 생각하기 때문입니다. 먹을 것이 없으면 악착같이 먹을 것을 장만합니다. 입는 옷이 불만족스러우면 더 좋은 옷으로 바꿉니다. 더 넓은 집으로 이사 가기 위해 평생을 노력합니다. 물론 이런 과정 속에 기쁨도 있고 행복도 있습니다. 그러나 아주 잠시입니다. 넓은 집에 이사를 간 사람이 그 집으로 인해 느끼는 행복감은 길어야 1년이라고 합니다. 1년이 지나면 또 다른 불만족 요인이 행복감을 빼앗아갑니다.

우리의 끝없는 욕심과 탐심은 우리로 하여금 불만족을 계속 개선하게 합니다. 그러나 그것은 정답이 아니라, 정답 주변에서 빙빙 돌다가 끝나는 인생의 모양입니다. 불만족의 해결로는 인간의 죄성과 만족을 충족할 수 없습니다. 마치 바닷물을 마실수록 갈증을 더 유발하듯이 불만족을 해결하면 해결할수록 이전에 생각해 보지도 못했던 또 다른 불만족이 우리에게 새로운 요구를 하게 됩니다.

걸어 다니던 사람이 불편을 해소하기 위해 자전거를 사고, 오토바이를 사고, 드디어 차를 구입합니다. 차를 구입한 이후에는 배기량이나 내부의 사양 등을 증가시키며 끝없이 더 좋은 차를 추구합니다. 처음에는 다리 아픈 것을 해결하고 싶었지만 나중에는 그 본질이 사라지고 어떤 차가 더 사람들에게 주목을 받는가에 관심을 갖게 됩니다. 우리의 욕심은 끝이 없습니다. 진정으로 행복하려면 불만족 요인을 해결하려 하지 말고, 만족 요인을 발견하여 그것을 얻기를 힘써야 할 것입니다.

행복하려면 진짜 행복과 가짜 행복을 구별할 수 있는 안목을 가져야 합니다. 그러지 않으면, 행복을 줄 것 같지만 결코 행복을 주지 못하는 가짜 행복을 추구하며 살게 됩니다. 그리고 행복을 누리며 사는 사람들로부터 어떻게 사는 것이 행복한 삶인지를 보고 배워야 합니다. 우리 삶의 만족 요인이 무엇인지 알기 위해서는 처음 인간을 만드신 하나님을 알아야 하고, 인간 본성이 가진 문제점들을 통해 창조주께서 우리를 어떻게 창조하셨으며, 창조된 피조물로서 어떤 상태에 놓이는 것이 가장 만족스러운 상태인지 근본적으로 접근해 봐야 합니다.

소냐 류보머스키(Sonja Lyubomirsky)는 캘리포니아 주립대학 심리학 교수로 행복에 관해 18년 동안 연구하였습니다. 그는 행복을 결정하는 요소가 50%의 유전적인 요소와 10%의 환경적인 요소, 그리고 40%의 의도적인 활동으로 구성된다고 분석했습니다.[6]

이 분석에 따르면 돈이나 환경의 변화 등 우리가 흔히 생각하는 행복의 요소들은 행복을 결정하는 데 10% 정도밖에 영향을 미치지 못합니다. 결혼한 사람과 결혼하지 못한 사람이 느끼는 행복, 물질을 소유한 사람과 그렇지 못한 사람이 느끼는 행복 등을 조사 연구했을 때 환경적인 요인은 10% 정도밖에 영향을 주지 않았습니다. 유전적인 요인이 50% 작용한다는 것에 대해 그는 쌍둥이를 연구했습니다. 같은 유전 요소를 가진 쌍둥이를 처음부터 다른 환경에서 자라게 했을 때 한쪽 쌍둥이가 행복하게 살면, 다른 쪽 쌍둥이도 행복하게 산다는 연구를 토대로 이러한 결정을 내리게 됩니다. 그는 행복하다고 느끼게 하는 기질적인 문제나 우울증과 같은 정서적인 면 등 유전적인 요인이 행복하다고 느끼는 데 영향을 준다고 보았습니다. 그리고 나머지 40%에 주목해야 하는데, 이것은 의도적인 활동으로 행복이 가능하다는 것입니다. 환경도 안 되고, 행복을 위한 유전적 요인 없이도 노력과 연습으로 행복해질 수 있다고 합니다. 저자는 행복하기 위해서는 행복을 줄 것이라는 절대적인 요소들에 대한 맹신을 벗어 버리고, 연습을 통해 행복을 찾으라고 주장합니다.

이 주장은 상당한 설득력이 있습니다. 이 이론을 토대로 볼 때 행복은 행복을 결정하는 40%의 노력과 연습에 의해 나타납니다. 나의 연약함과 과거는 예수님 안에서 근본적인 변화를 경험할 때 행복으로 승화하게 됩니다. 또한 소냐 류보머스키는 신앙생활과 영성활동이 행복에 지대한 영향을 미친다는 것을 발견하게 되었습니다. 예수님 안에서 상실감이 승화되어 나 자신이 행복해질 뿐만 아니라, 행복을 만드는 도구로 변화하기 때문입니다.

세상에는 우리가 할 수 있는 일이 있는가 하면, 우리 스스로 할 수 없는 일이 있습니다. 인생에 닥치는 고난의 문제 대부분은 그냥 그렇게 받아들여야만 하는 것들이 많습니다. 그러나 하나님 안에서는 그 고난이 고난으로 머물러 있지 않고 반드시 행복으로, 사명으로 승화됩니다. 하나님을 믿는 사람이라고 해서 시련의 시기가 없는 것은 아닙니다. 그러나 그 시련들이 극복될 뿐만 아니라, 행복으로 자리 잡게 됩니다.

하나님의 능력은 우리의 상처를 치유합니다. 성경에 등장한 수많은 사람들이 연약함을 가지고 있었지만, 오히려 그 연약함이 하나님 안에서 승리의 도구로 승화되었던 것을 보게 됩니다. 사사기에 나타난 사사들은 한결같이 그 공동체에서 주목받지 못하는 사람들이었습니다. 혈통을 중히 여기는 사회에서 유다지파에 편입된 옷니엘, 장애인이 천대받던 공동체에서 쓰임받은 왼손잡이 에훗, 여자가 존중받지 못한 시대의 여자 사사 드보라, 적은 숫자로 구원하여 하나님의 능력을 나타낸 기드온, 적자들을 두고 기생의 아들로 쓰임받은 입다 등 하나님께서 연약하고 약한 자들을 세워 강한 것을 부끄럽게 하시고, 그들을 통해 구원하신 내용들이 성경에 가득 기록되어 있습니다.

하나님 안에서는 우리의 연약함이 오히려 강함이 됩니다. 바울의 고백처럼 질그릇에 보배를 담아 주신 것은 그 능력의 크심이 하나님께 있음을 알게 하시며, 오직 하나님께만 영광 돌리게 하시기 위함입니다. 우리의 상처와 연약함, 고통과 고난에 대해 성경이 말씀하는 답은 한 가지입니다. 그것은 하나님 안에서 반드시 치유되고 회복될 것이며, 이 연약함이 하나님 손에 붙잡힌 이상 반드시 다른 사람을 돕고 하나님께 영광을 돌리는 유익한 도구가 될 것이라는 점입니다.

부와 성공이
행복으로 이어지게 하라

넌 잘될 거야, 반드시 잘될 거야

"넌 잘될 거야, 반드시 잘될 거야."

대학부를 담당할 때였습니다. 모임을 마칠 때면 항상 이렇게 서로에게 인사를 시켰습니다. 서로를 격려해 주면서 모임을 마치도록 했습니다. 그러면 아이들의 얼굴이 참 밝아집니다. 누군가에게 소중한 존재이며, 누군가 나의 삶을 지지해 준다고 생각하면 행복해집니다. 우리의 소원은 우리가 알고 있는 모든 사람이 잘되는 것입니다.

예수님을 믿는 사람들은 잘되어야 합니다. 삶이 형통해야 합니다. 인생에서 잘되는 것이 무조건 하나님의 축복이며, 그렇지 못한 것은 저주라는 말이 아닙니다. 하나님의 복음 사역을 위해 자발적으로 가난해지는 사람도 있고, 물질적인 부를 누리진 못해도 하나님 앞에서 복을 받은 자들도 있습니다. 그러나 잊지 말아야 할 것은 우리가 육신을 입고 이 땅에 사는 동안 우리는 물질에 대해 자유할 수 없는 존재라는 사실입니다. 그리고 많은 예들을 통해 하나님의 사랑을 받는 자들은 이 땅에서도 윤택하며 복을 받는 삶을 살게 된다는 것을 봅니다.

아브라함은 갈대아 우르에서 믿음으로 나와 하나님을 따라 살아갔을 때, 거부가 되었습니다. 가정에서 기르는 군사만 318명 정도 되는 큰 부자였습니다(창 14:14). 이삭은 하나님께서 복을 주셔서 한 해에 100배가 성장하는 복을 받았습니다(창 26:12-13). 야곱도 빈손으로 외삼촌 집에 갔지만 돌아올 때는 엄청난 양과 소떼를 거느린 거부가 되었습니다(창 32장). 욥은 동방에서 소문난 부자였습니다. 그는 물질적인 풍부함과 인격적인 탁월함까지 소유했습니다(욥 1:3). 요셉의 삶 또한 형통했습니다(창 39:3). 비록 그는 힘든 상황을 많이 보냈지만 그가 가는 곳마다, 머무는 곳마다 하나님으로 인해서 잘되는 형통의 복이 있었습니다. 하나님께서는 믿는 자에게 형통의 복을 주십니다. 국어사전은 '형통'을 '모든 것이 뜻과 같이 잘되어 감'이라고 정의합니다. 형통은 막힘없이 사방으로 쭉쭉 뻗어 나가는 것을 의미합니다.

어린 시절 시골에서 깜깜한 밤에 손전등을 들고 장난을 친 기억이 있을 겁니다. 검은 밤하늘에 손전등 빛을 쏘면 그 빛은 끝없이 계속 뻗어 갑니다. 오른쪽을 비추면 오른쪽으로 끝없이, 왼쪽을 비추면 왼쪽으로 끝없이 뻗어 갑니다. 형통의 모습은 이것입니다. 거침없이, 막힘없이 계속해서 쭉 뻗어 나가는 불빛처럼 끝없이 잘되는 것입니다. 하나님은 요셉에게 이런 복을 주셨습니다.

우리는 잘되기 바라고 성공하기를 바랍니다. 이러한 마음이 우리 속에 있는 것은 하나님께서 우리를 잘될 수밖에 없는 존재로 만드셨기 때문입니다. 자동차가 자동차로서 가장 아름답고 멋진 삶을 살고자 한다면 자동차는 자신이 왜 만들어졌는지 알아야 합니다. 그리고 자신 속에 있는 기능들에 대해서도 깊이 알아야 합니다. 그리고 최초로 자동차를 만든 사람이 가진 차에 대한 기대와 바람을 정확하게 알고 있어야 합니다. 자동차가 자동차로서 행복하려면 자신의 존재에 대한 바른 인식이 필요합니다.

이처럼 사람이 처음 만들어졌을 때 하나님은 우리를 왜 만드셨고, 우리는 어떤 존재였는지를 아는 것은 참 중요합니다. 하나님께서 우리를 만드신 목적과 우리에 대한 그분의 기대감, 하나님이 주신 행복을 어떻게 상실하게 되었는지, 그리고 그 행복을 다시 찾을 수 있는 방법은 무엇인지 근본적으로 알 필요가 있습니다. 자신을 알면 행복이 보입니다. 이 부분은 5장에서 더 깊이 다루도록 하겠습니다.

하나님께서 사람을 만드시고 제일 먼저 하신 일이 복을 주신 것입니다. 잘되도록 하셨습니다. 생육하고 번성하며 땅에 충만하라고 하셨습니다(창 1:22). 생육하고 번성하라는 말은 숫자가 많아지고, 모든 일에 열매를 맺으라는 말입니다. 하나님이 주신 복을 따라 사람은 하나님이 만드신 만물을 누리고, 지배하며 살게 되었습니다.

그리고 지금도 우리는 자신이 하는 사업이나 일들 속에서 성장시키고, 결과물을 만들어 내는 것을 선호하며 살고 있습니다. 생육하고 번성하라는 말씀은 이 땅에 사는 동안 잘되라는 말씀입니다. 그러므로 우리는 잘되어야 합니다.

그리고 예수님을 믿는 우리는 반드시 잘될 수밖에 없는 존재입니다. 왜냐하면 하나님께서 잘되도록 복을 주셨으며, 비록 우리가 타락으로 인해 하나님께서 주신 많은 복을 상실했지만 예수님을 믿음으로 그분 안에서 모든 것이 새로워지며 회복되기 때문입니다.

우리는 이 땅에서 살아가는 동안 하나님의 복이 필요한 존재입니다. 그리고 그 복을 누리며 살도록 만드셨습니다. 그 복을 개인의 욕심과 죄를 짓는 데 사용한다면 큰 형벌을 받게 되겠지만 하나님의 나라와 그분의 영광을 위해 아름답게 사용한다면 이전보다 더 크게 영광을 돌릴 수 있게 됩니다.

재 대신 화관을 주시는 하나님

복음성가 중 "재 대신 화관을 내게"라는 가사의 찬양이 있습니다. "재 대신 화관"이라는 말은 이사야 61장 3절에 나오는 말씀입니다. 재는 나무나 마른 풀과 같은 것들을 다 태우고 남은 것을 말합니다. 재를 덮어쓰는 행동은 나라가 망하였거나, 자신에게 큰 슬픔과 고통이 왔을 때 하는 행동입니다. 재를 덮어썼다는 것은 엄청난 고통에 직면해 있는 상황입니다.

이사야 선지자는 포로에서 해방되어 다시 돌아오게 될 백성들에 대해 예언하면서 재 대신 화관을 주님께서 씌워 주실 것이라고 하였습니다. 나라가 망해 통곡하며 재를 덮어쓰고 있던 백성의 머리 위에 이제는 꽃으로 만든 관을 씌워 주시고 영광스럽게 만들어 주신다는 말씀입니다. 하나님께서는 포로 생활을 하는 백성들을 회복시키셨습니다. 재를 대신해서 화관으로 바꿔 주시는 것은 비단 이스라엘 백성들뿐만이 아닙니다. 하나님의 구원을 바라며, 주님의 은혜를 구하는 우리들의 삶에도 재를 걷어 주시고 꽃 면류관을 씌워 주시는 분이 바로 하나님이십니다.

성경은 물질의 복에 대해서 많은 이야기를 다루고 있지만 기독교의 본질은 물질의 복을 강조하지 않습니다. 그럼에도 불구하고 우리는 육신을 입고 이 땅에 살기 때문에 사는 동안 물질의 복이 필요합니다.

하나님은 하나님의 말씀대로 사는 자들에게 물질의 복을 주시고, 세상에서 성공하는 복도 주십니다. 그러나 이러한 복은 하나님께서 우리에게 영생의 복과 더불어 보너스로 주시는 것이지, 이런 물질의 복이 삶의 중심이 되어 버리면 오히려 더 소중한 것을 잃어버리는 어리석은 사람이 됩니다.

하나님께서 인생역전을 시키신 대표적인 사람 중 야베스라는 사람이 있습니다. 야베스의 이름에는 고통이라는 뜻이 담겨 있습니다. 그의 어머니가 고생스럽게 낳아서 그 이름을 야베스라고 했습니다. 그는 하나님께 이런 기도를 드렸습니다.

> "주께서 내게 복을 주시려거든 나의 지역을 넓히시고 주의 손으로 나를 도우사 나로 환난을 벗어나 내게 근심이 없게 하옵소서"(대상 4:10).

야베스는 "복에 복을 더해 주세요. 저의 사업을 확장시켜 주세요. 저의 마음에 근심 걱정이 없게 해주세요" 하는 기도를 하나님께 드렸습니다.

그리고 하나님께서는 야베스의 기도를 들어주셨습니다. 고통으로 시작한 인생이지만 하나님께서 그의 삶에서 고통을 없애 주셨고, 하는 일마다 잘되게 해주셨고, 그의 형제보다 귀중한 자가 되게 하셨습니다(대상 4:9-10).

하나님께서는 우리가 재를 덮어쓴 것 같은 상황에 놓여 있고, 야베스처럼 고통 중에서 시작하였을지라도 주님의 능력으로 우리를 온전케 세워 주시는 분입니다. 하나님은 우리를 만드실 때부터 복을 주셨고, 또 잘되도록 만들어 주셨습니다. 우리가 이 땅에서 더욱더 잘되고 성공하려면 하나님을 잘 믿어야 합니다. 왜냐하면 우리의 모든 인생과 잘되고 못되는 것이 하나님의 손에 있기 때문입니다.

우리 민족은 어려운 시기를 보냈습니다. 일제 식민지와 전쟁과

보릿고개의 가난을 경험했습니다. 우리 선조들의 기도는 가난을 벗어나는 것이었고, 잘살아 보는 것이었습니다. 그래서 한국은 세계 어느 나라에서도 찾아볼 수 없는, 유례없는 성장을 했습니다. 그러나 과연 더 행복해졌는가 묻는다면 참 많은 생각을 하게 합니다. 물질의 복과 성공은 좋은 것이며, 필요한 것입니다. 그러나 이것이 우리의 행복을 말해 주지는 않습니다.

물질의 복과 성공이 행복이 되려면 예수님 안에서 거듭나야 합니다. 예수님을 바르게, 그리고 잘 믿고 말씀대로 살아갈 때 성공이 행복으로 이어집니다.

성공과 행복

자본주의 사회에서 잘된다는 개념은 통상적으로 얼마나 높은 사회적 지위를 누리는가, 더 원색적으로 말하면 얼마나 많은 돈을 소유하는가입니다. 그렇다면 얼마의 돈이 있으면 행복할까요? 이런 조사는 신문에서도 가끔 합니다. 시대마다 조금씩 다르지만 대체적으로 그 시대의 상위 1% 정도 되는 부를 원하는 것으로 나타나고 있습니다.

돈이 우리가 행복을 누리는 데 필요한 존재인 것은 분명한 사실입니다. 그러나 돈 자체가 모든 행복을 가져다주는 충분조건이 되지 못한다는 것도 우리는 잘 알고 있습니다.

한번은 친분이 있는 변호사와 함께 차를 타고 가면서 돈이 많으면 행복할 것 같다는 생각에 대해 나누면서, 그러면 누가 제일 행복할까 이야기한 적이 있습니다.

"사람들은 대부분 의사나 변호사가 제일 좋다고 하지만, 의사들에게 물으면 자기들이 가장 고생한다고 하던데요. 그리고 변호사들에게 물어보면 변호사들도 자기들이 제일 고생한다고 하더라고요. 그러면 누가 제일 잘 먹고 잘 살까요?"

그러자 동행하던 변호사가 대답했습니다.

"저는 건물 임대업 하는 사람이 제일 편하고 좋을 것 같은 생각을 했습니다. 그런데 한번은 건물 임대업을 하시는 분의 소송을 맡은 적이 있는데요, 건물 관리가 안 되고, 임대료를 내지 않아 소송도 하고……, 한마디로 거기에도 골치 아픈 일이 한두 가지가 아니더군요."

그분과 이야기를 나누면서 세상에 편하게 먹고 살 수 있는 직업은 없다는 것을 알게 되었습니다. 다른 사람이 보기에는 편하고 행복한 것처럼 보여도 그 속을 들여다보면 우리가 알지 못하는 문제들이 산적해 있습니다. 결국, 어떤 직업을 갖느냐는 행복을 결정해 주지 못하는 것 같다는 이야기를 나누게 되었습니다.

세계 최고의 부자에게 "당신은 얼마의 돈이 필요합니까?" 하고 질문했습니다. 그리고 가난한 사람에게도 동일한 질문을 했다고 합니다. 재미있는 것은 두 사람의 대답이 동일하다는 것입니다.

그것은 "조금만 더"였습니다.

지금 가진 것보다 조금 더 필요한 것이 돈입니다. 몇십만 원이 없어서 모든 체면을 포기하고 절박한 심정으로 도움을 요청하는 분도 보았고, 몇십억이 없어서 사업에 지장이 있다며 울면서 기도하는 분도 보았습니다. 상황이 다를 뿐 모두 다 돈이 부족하고, 조금만 더 있으면 좋겠다는 마음으로 살고 있습니다.

돈은 참으로 놀라운 힘을 가지고 있으며 때로는 무섭습니다. 미국이 진실을 말할 때(*The Day America Told The Truth*)에서 제임스 패터슨과 피터 킴이 "1,000만 달러를 벌 수 있다면 어떤 일까지 할 수 있는지 솔직하게 대답해 주십시오"라고 질문했습니다.

응답자의 25%는 자기 가족 전체를 죽여 버릴 수 있다고 답했고, 25%는 한두 주 동안 매춘을 할 수도 있다고 했으며, 7%는 낯선 사람도 죽일 수 있다고 답했습니다. 금액이 200만 달러까지 내려와도 비슷한 결과였다고 합니다. 저자는 이 질문을 통해서 미국에서 사람 목숨의 가격은 200만 달러 정도라고 결론을 내렸습니다.[7]

이런 맥락에서 본다면 돈을 얼마나 소유했느냐가 중요한 것이 아니라, 돈을 다스릴 수 있는 마음을 갖는 것, 그리고 물질에 대한 근본적인 탐심을 다스릴 수 있는 마음을 갖는 것이 행복에 더 가까이 갈 수 있게 합니다. 돈에 대한 태도와 돈을 다루는 인격에 따라서 돈이 행복이 될 수도 있고 그렇지 않을 수도 있는 것입니다.

행복하려면 잘되어야 합니다. 성공해야 하고, 잘되면 뿌듯함을 느끼게 됩니다.

그러나 물질을 소유하고, 명예를 누리고, 다른 사람보다 더 높은 곳에 올라갔다는 사실이 행복을 보장하진 못합니다. 탁월한 인격을 소유한다면 물질이나 세상에서의 성공이 다소 적더라도 더 많은 행복을 누릴 수 있을 것입니다. 또한 자신이 얻고자 하는 성공에 대해서 분명하게 이해해야 합니다. 그렇지 않으면 성공은 행복을 위한 성공이 아니라, 또 다른 인생의 숙제로 남게 됩니다.

솔로몬은 행복이 돈으로 채워질 수 없다는 것을 알았습니다. 많은 강물이 바다로 흘러들어 가도 바다를 채울 수 없듯 돈으로는 절대 행복할 수 없다는 것을 깨달았습니다. 뿐만 아니라, 돈을 버는 것도 힘들지만 행복을 이루어가는 것은 돈을 버는 것보다 훨씬 더 어렵다는 사실도 깨달았습니다. 다음은 전도서 5장을 정리한 '돈에 관한 지혜' 의 부분입니다.[8]

돈에 대한 환상	돈에 대한 성경의 답변	가르침에 대한 적용
조금만 더 있으면 행복할 것이다.	돈으로는 절대 만족하지 못한다(5:10). 하나님께서 우리 인생을 돈으로 만족하지 않도록 만드셨다.	1. 행복은 돈보다 얻기 힘든 것이다. 2. 행복은 훔치거나 벌 수 있는 것이 아니라 하나님의 선물이다.

돈에 대한 환상	돈에 대한 성경의 답변	가르침에 대한 적용
돈은 나의 근심을 없애 줄 것이다.	노동자는 잠을 달게 자고, 부자는 부요함 때문에 잠을 자지 못한다(5:12). 돈이 많은 사람일수록 걱정과 근심이 많다.	1. 근심은 돈으로 없앨 수 있는 것이 아니라, 하나님을 신뢰함으로 없앨 수 있다. 2. 재정으로 인한 근심은 얼마나 버는가에 따른 것이 아니라, 얼마나 쓰는가에 대한 소비의 문제이다(105%를 사용하면 근심, 90%를 사용하면 행복).
누구나 똑같이 돈을 벌고 똑같은 방법으로 사용한다.	부자는 재물을 해가 되도록 지킨다. 재물을 지키는 데 집중하다가 모든 것을 잃는다(5:13). 돈은 버는 방법과 쓰는 방법 모두를 바르게 배우는 것이 중요하다.	1. 벌 수 있는 만큼 벌고, 저축할 수 있는 만큼 저축하고, 줄 수 있는 만큼 주라(존 웨슬리). 2. 자선 없는 저축은 재산 축적이다. 돈을 어떻게 사용하는가가 우리 마음의 표현이다.
돈은 영원한 가치를 갖고 있다.	돈을 아무리 많이 벌어도 빈손으로 돌아가야 한다. 돈을 버는 동안은 근심, 질병, 분노를 달고 살게 된다(5:15-17).	1. 부자도 돈을 모두 두고 떠나야 한다. 2. 돈을 가장 잘 사용하는 방법은 금고 안에 두는 것이 아니라, 영원한 보상이 주어지는 곳에 투자하는 것이다. 하나님이 말씀하시는 목적과 인생들을 위한 곳에 투자되어야 한다.
돈은 미래를 보장하며 계속 돈을 벌게 해줄 것이다.	재정적인 축복은 하나님의 선물(분복)이며, 위탁물이다(5:19). 선물은 주신 분의 선한 뜻이 존중되는 범위 내에서 감사함으로 누리면 된다.	부와 재물도 하나님의 선물이며, 우리 인생의 하루도 하나님의 선물이다. 그러므로 감사한 마음으로 하나님의 목적에 맞게 돈을 쓰며, 자신의 행복을 위해 건전한 방법으로 사용할 수 있어야 한다.

2% 부족한 성공

군에서 전역할 때였습니다. 대대에서 전역보고를 마친 후, 우리는 여단으로 이동하여 며칠을 머물렀습니다. 그리고 전역 전에 여단장과 대화를 나눌 수 있는 기회가 주어졌습니다. 군에서 '별'과 마주한다는 것은 어려운 일이므로, 신기하고 놀라웠습니다.

그분의 성함은 기억하지 못하지만 그날 했던 대화는 지금도 또렷하게 기억이 납니다.

"고생 많았어. 전역을 축하하네. 난 자네들이 참 부러워."

이렇게 말을 시작할 때 속으로 웃었습니다.

'우리가 부럽다고? 참 웃긴다. 별 하나가 지금 나가서 뭘 해야 할지도 모르는 예비역 병장이 부럽다니…….'

이런 생각을 할 때 여단장은 말을 이어갔습니다.

"만일, 나의 별과 자네들의 젊음을 바꾸자면 나는 그렇게 하고 싶네. 난 자네들이 참 부러워."

여기까지 말이 이어졌을 때 저는 손을 들고 따지듯이 묻고 싶은 충동이 일어났습니다. 당시 그분의 말이 진실로 받아들여지지 않았기 때문입니다. 오랜 세월이 지났지만 그 순간의 기억은 아직도 의문으로 남아 있습니다. 별을 단 장군에 대한 지나친 동경이 제 마음에 강하게 작용되었기에 이해할 수 없었나 봅니다. 군대가 늘 그렇듯이 간담회였지만, 질문할 수 있는 분위기는 아니었지만 그 순간 꼭 묻고 싶은 말이 있었습니다. 아니, 다시 그분을 만날 수 있다면 꼭 묻고 싶습니다.

"장군님, 만일 지금 장군님에게 젊음이 다시 주어진다면 무엇을 하시겠습니까?"

이런 생각은 선배인 변호사를 만나 다시 해보게 되었습니다. 우리는 고시원에서 함께 생활했던 때를 추억했고 그리스도인으로서의 지금 모습을 돌아봤습니다. 선배는 "그때가 좋았다"는 말을 계속 반복했습니다. 나는 선배에게 그 장군에게 하지 못했던 질문을 하기 시작했습니다.

"형, 취업에 대한 불안감과 불투명한 미래 속에서 고민하며 가난하게 보냈던 고시원으로 다시 돌아가고 싶단 말이에요? 형은 다시 그 시간으로 돌아간다면 뭘 하실 건데요?"

장군과 선배 두 사람의 고백은 정말로 그때를 그리워하기보다는 지금 막히고 답답한 일상에 대한 표출인 듯했습니다. 장교로서 입관한 군인도 꿈을 이뤘고, 가난한 고시생도 사법고시에 합격하여 법조인이 되었습니다. 그럼에도 불구하고 그들은 뭔가 채워지지 않는 2% 때문에 고민하고 있었고 그때를 그리워하고 있었습니다.

물론 다시 되돌린다고 하더라도 그들은 그 자리로 선뜻 돌아가려 하지 않을 것입니다. 왜냐하면 돌아가 봤자 여전히 똑같은 생활을 반복할 수밖에 없을 것이기 때문입니다. 우리에게는 삶에서 이뤄야 할 자신의 야망 외에 무엇인가가 더 필요하기 때문입니다. 허즈버그의 말처럼 불만족 요인은 제거되었지만 만족 요인을 찾지 못한 듯합니다. 세상 사람들의 눈에는 성공한 듯 보이는 사람들의 마음속에 채워지지 않는 부족분은 무엇이 되었다기보다는 어떤 의미와 어떤 존재로 살아가는지에 대한, 삶의 질에 관한 고민이었습니다. 혹시 우리가 늘 추구하고 있는 것이 본질이 아닌 비본질은 아닐까요?

장군과는 대화를 하지 못했지만 선배와의 오랜 대화 속에서 선배 안에서 상실된 것들을 발견했습니다. 바로 삶에서 꿈이 죽어가고 있었습니다. 그분은 변호사라는 직업 이전에 법조인으로서, 그리스도인으로서 하나님께 영광을 돌리며 자신이 가진 것으로 하나님 나라에 공헌하려고 했던 옛날의 희미한 꿈들을 상실해 가고 있었습니다. 여전히 치열한 생존경쟁의 순간에 남들보다는 좀 더 양심적이고 기독교적이라고 말할 수 있을지는 모르지만 처음에 꿈꿨던 그런 삶은 아니었습니다. 하나님 나라를 향한 불타는 열정은 사그라져 재 속에서 온기만 느껴지는 그런 화로였습니다. 그리고 순수가 사라져 가고 있었습니다. 큰 죄를 짓는 타락한 그리스도인은 아니라 하더라도 적어도 청년 시절에 그리스도를 향해 품었던 신앙의 순수는 많이 퇴색되어 가고 있었습니다.

어쩌면 이는 직장 생활을 하는 모든 그리스도인들의 현주소인지도 모릅니다. 생존이라는 문제는 너무나 크게 다가왔고 어느 정도 숨 돌릴 틈이 있다면 하나님 일도 해보련만 그런 여유가 찾아오지 않는 현실을 안타까워하며, 궁색한 변명으로 자신의 신앙을 위로

하고 있었습니다. 선배에게 밥 버포드(Bob Buford)의 하프 타임(국제제자훈련원)을 권하면서 전반전이 망가졌다면 후반전에 더 열심히 순수를 향해, 꿈을 향해, 그리고 의미를 향해 함께 뛰자며 서로를 격려하고 헤어졌습니다.

다르게 산 사람들의 이야기

성경 속에 등장하는 하나님을 믿으며 하나님을 따라 사는 많은 사람들은 세상적인 관점으로 본다면 모두 다르게 사는 사람들입니다. 이 땅에 살고 있는 진실한 그리스도인들의 일상생활은 세상 사람들과 같아 보이지만 전혀 다른 방식입니다. 세상적인 성공과 누림이 선택의 기초가 되는 것이 아니라, 하나님의 말씀이 선택의 기준이 됩니다. 그래서 삶에 무엇이 중요하고 무엇이 덜 중요한가라는 우선순위를 정하는 일에 있어서도 다릅니다. 행복을 위해 다르게 산 한 사람의 이야기를 나누고자 합니다.

그의 이름은 아브라함입니다. 그는 부자였습니다. 그는 목축업을 하고 있었는데 그의 소유는 어마어마했습니다. 그에게는 롯이라는 조카가 있었습니다. 부모가 일찍 죽어 삼촌 아브라함과 고향을 떠나 함께 살았습니다. 그때까지 아브라함에게는 아들이 없었습니다. 그래서 롯은 어쩌면 아브라함에게 아들과 같은 존재였는지도 모릅니다. 아브라함이 부자가 되면서 롯도 덩달아 부자가 되었습니다. 문제는 두 사람이 모두 부자가 되면서 발생했습니다. 아브라함의 직원들과 롯의 직원들이 다투기 시작했습니다. 처음 한 두 번은 그냥 넘어갈 수 있었습니다. 그러나 시간이 지나면서 점점 더 두 계열사 간에 갈등이 심해졌습니다. 목축업이라는 동종에 종사했기 때문에 어쩔 수 없었습니다. 그러던 어느 날, 아브라함은 선택을 할 수밖에 없었습니다(창 13장). 그는 롯을 불러 말했습니다.

"소유가 많아져서 우리가 함께 있을 수가 없구나. 너와 나는 한 가족인데 너의 직원들과 나의 직원들이 더 이상 다투게 해서는 안 될 것 같다. 네가 먼저 선택하거라. 우리 앞에는 넓은 땅이 있지 않니? 네가 오른쪽을 선택하면 내가 왼쪽을 선택하고 네가 왼쪽을 선택하면 내가 오른쪽을 선택하마."

아브라함의 제안에 롯은 앞으로 어느 곳이 전망이 있을지 분석하기 시작했습니다. 그런데 오른쪽과 왼쪽은 비슷한 정도가 아니라 극명하게 차이가 났습니다. 한쪽은 목축업을 하기에 이보다 더 좋을 수 없는, 물이 넉넉한 에덴동산과 같은 곳이었고, 다른 한쪽은 풀도 거의 없는, 돌과 흙으로 가득한 돌산이었습니다. 롯은 주저하지 않고 앞으로 10년, 아니 100년 정도 이 사업에 전혀 지장이 없을 것 같은 좋은 곳을 택했습니다. 그리고 그는 아브라함을 떠나 그곳으로 갔습니다.

롯과의 회담이 끝난 후에 아브라함에게는 절망감이 밀려왔습니다. 하나님의 사람으로서 조카를 위해, 그리고 가족 간의 사랑을 위해 그에게 더 나은 곳을 택하라고 말한 것은 잘못이 아니었습니다. 그러나 평생을 목축업으로 살아온 그는 풀과 물과 같은 자연 조건이 양 떼에게 얼마나 중요한지 잘 알고 있었습니다. 벌써 직원들의 불만도 들려옵니다. 몇 년이 가지 않아 매출이 절반으로 줄어들 위기에 직면할지도 모릅니다. '이것이 정말 잘 선택한 것인가?' 하고 마음에 불편한 생각도 들었습니다. 명분적으로 올바른 일을 선택했다고 칭찬은 들을 수 있지만 시간이 지난 후에 그 선택으로 인해 재산의 많은 부분을 잃게 되면 그때 가서 주변 사람들이 아브라함에게 바보라고 손가락질할지도 모릅니다. 롯이 떠난 그날 아브라함의 복잡했을 심정이 충분히 이해가 갑니다.

롯이 모든 짐을 정리하여 아브라함 곁을 떠난 바로 그날, 하나님께서 아브라함에게 나타나셨습니다. 하나님께서는 바른 선택을 한 아브라함의 마음을 잘 알고 계셨습니다. 그래서 아브라함에게 말씀하셨습니다.

"아브라함아, 네가 서 있는 곳에서 사방을 다 둘러보거라. 보이는 이 모든 땅을 너와 네 자손에게 주마. 그리고 롯이 떠났다고 실망하지 말거라. 네 자손이 땅의 티끌처럼 아주 많아져서 셀 수 없을 정도가 될 것이다. 자, 여기 있지 말고 일어나서 이 땅을 한번 걸어 보렴. 오른쪽으로도 가 보고 왼쪽으로도 가 보렴. 이게 다 너와 네 후손의 땅이 될 것이다. 내가 다 주마."

하나님은 하나님의 말씀대로 살고자 하는 믿음의 사람에게 신실하게 보상하시는 분입니다. 가족을 더 소중히 여기고, 하나님의 말씀의 가치를 눈에 보이는 물질적인 성공보다 더 높은 가치로 여긴 자에게 주시는 하나님의 보상입니다. 지금도 재산 문제로 형제가 다투고 어머니가 법정에 증인으로 서며, 재산 때문에 원수가 되어 다시는 만나지 않는 사람들의 예를 우리는 매스컴을 통해 종종 보게 됩니다. 부와 성공이 행복으로 이어지려면 자신에게 가장 중요한 가치가 무엇인지 바르게 알아야 합니다. 아브라함처럼 무엇이 중요하고, 무엇이 중요하지 않은지 알아야 합니다. 아브라함의 이야기를 통해 잊지 말아야 할 중요한 몇 가지를 정리해 보겠습니다.

첫째, 하나님의 말씀이 나의 선택에 가장 중요한 근거가 되어야 합니다. 둘째, 가족은 물질과는 비교할 수 없는 가장 중요한 가치를 지닙니다. 셋째, 물질의 손실이 일어나더라도 하나님의 뜻을 따라 사는 사람에게는 반드시 하나님의 보상이 있습니다.

행복하려면 바르게 선택하는 법을 배워야 합니다. 아브라함처럼 무엇이 옳고, 무엇이 그른지 하나님의 뜻 안에서 바른 선택을 해야 합니다. 바른 선택을 위해 예수님 안에서 생각과 모든 것이 변화하는 거듭남의 과정이 필요합니다. 인생의 성공은 하나님께서 약속하신 분명한 복입니다. 그러나 그것이 우리 삶의 행복이 되려면 예수님 안에서 성공에 대한 새로운 자기정의를 가져야 합니다.

하나님의 선한 의도를 담아내는 성공

어느 날 갑자기 엄청난 부자가 된다면 무엇을 하겠습니까? 대부분의 대답은 주거 환경의 변화, 더 좋은 문화 혜택을 누리는 것, 더 좋은 차를 구입하는 것 등이었습니다. 그런데 막상 복권에 당첨되면 사람들이 이혼하여 가정이 파탄 나고, 몇 년 되지 않아 방탕한 삶으로 파산하게 되는 것을 기사로 보곤 합니다. 그래서 부자가 되기 전에 먼저 부자가 되면 어떻게 살 것인지를 생각해 보아야 합니다. 준비되어 있지 않은 상태에서 닥친 성공은 큰 재앙이 될 수 있습니다.

어느 날 갑자기 부자가 될지도 모른다는 생각이 든다면 다음의 질문을 스스로에게 해보십시오. 인생에 큰 도움이 될 것입니다.

1) 돈이 무진장 많고 무슨 일을 해도 실패하지 않는다면 나는 어떤 일을 할 것인가?
2) 어느 날 갑자기 복권에 당첨되어 엄청난 돈이 들어왔다면 나는 무엇을 할 것인가? 그것을 어떻게 유지, 관리할 것인가?
3) 내게 돈은 얼마나 필요한가?
4) 돈이 많아진 후 나의 주변 환경과 가족과 친구들과의 관계는 어떻게 달라져 있을까?
5) 돈이 많아진 후 나의 가족과 친척과 이웃과의 관계를 더 긍정적으로 만들기 위해서는 어떻게 해야 할까?
6) 내 인생에서 돈 버는 것보다 더 가치 있다고 생각하는 일

은 무엇인가?

이 질문들에 올바른 대답을 할 준비가 되어 있어야 재물의 기회가 행복으로 연결될 수 있습니다. 진지하게 답을 하다 보면 내 인생에서 돈은 그리 큰 영향력을 미치지 못한다는 것 또한 알게 됩니다. 돈이 많아져도 지금 우리는 우리가 하고 있는 이 일을 하고 있을 것이며, 돈이 적어도 이 일을 하고 있을 것이기 때문입니다. 다만, 인간의 끝없는 탐욕이 목적도 없이 무조건 더 가지라고 부추길 뿐입니다.

성공이 행복으로 이어지려면 반드시 "나는 왜 이 일에 성공하려고 하는가? 내가 말하는 성공의 의미는 무엇인가?" 등 성공에 대해서 스스로 정의를 갖고 있어야 합니다. 솔로몬에 따르면 성공을 바라는 대부분의 원인은 경쟁심에서 시작되며 그 성공은 인생을 피곤하게 만들 뿐이라고 했습니다.

예수님께서는 열심히 일해서 많은 곡식을 거둔 뒤 창고에 쌓아두고 잘 먹고 잘 살겠다고 다짐했던 어리석은 부자에 대해 말씀하셨습니다. 오늘 하나님께서 영혼을 데리고 가시면 그 재산이 누구의 것이 되겠느냐고 물으셨습니다(눅 12:20). 유한한 인생이라는 한계 속에서 우리의 성공을 설정하고 이해해야 합니다. 무엇보다도 행복한 성공을 위해서는 우리에게 성공을 주신 하나님의 선한 의도를 늘 잊지 말아야 합니다.

어떤 할아버지가 손녀에게 인형을 사 주었습니다. 그런데 손녀는 인형의 머리를 잡고 땅에 때리면서 놀았습니다. 그러자 할아버지가 말했습니다.

"애야, 왜 인형을 그렇게 가지고 노니? 인형을 사랑해 줘야지."

"할아버지, 이건 할아버지가 주신 거니까, 이제 내 것이에요. 그러니까 내 마음대로 해도 되잖아요?"

그러자 할아버지는 중요한 교훈을 들려주었습니다.

"애야, 할아버지가 네게 선물을 줄 때는 이 선물을 어떻게 사용해야 할지에 대한 뜻도 함께 주는 것이란다. 선물을 사용할 때는 반드시 선물을 준 사람의 뜻을 생각해서 사용해야 한단다."

할아버지의 교훈은 오늘 이 시대를 살아가며 부와 성공을 추구하는 그리스도인들에게 하나님께서 주시는 말씀과도 같습니다.

인생의 성공은 하나님께서 주신 선물입니다. 이 성공을 잘 통제한다면 이 땅에서 행복을 누릴 수 있는 수단이 됩니다. 그러기 위해서는 반드시 선물을 주신 분의 선한 의도 속에서 성공을 정의해야 합니다. 그렇게 하면 지금까지 우리가 생각한 소위 출세하고 성공한다는 것이 상당히 잘못되었다는 것도 느끼게 될 것입니다. 하나님의 선한 의도를 담아내지 못하는 성공은 자기 살을 깎아 먹고 수고와 근심과 분노와 질병만을 남기게 됩니다. 가족 간에는 피폐한 상처만 남고, 무엇을 위해 이렇게 살았는지 세월이 지날수록 후회밖에 남지 않습니다. 이런 성공은 재앙이라고 보는 것이 더 적절할 것입니다.

그러나 내게 주신 부와 성공에 담긴 하나님의 선한 의도를 읽어낼 수만 있다면 그 성공은 행복으로 이어질 것입니다. 내가 부자가 되고, 높은 직위에 올라서는 것이 성공이 아니라, 내게 주신 성공을 통해 하나님의 선한 의도를 잘 반영하고 나타내는 것이 진정한 성공이 됩니다. 그래서 무조건 더 많이 갖고, 더 높이 올라가는 것이 목적이 아니라, 하나님께서 원하시는 뜻을 따라 나의 직분과 직책을 사용하는 것이 중요합니다. 그럴 때 진정한 행복이 우리의 삶에 깃들게 됩니다. 많은 재물보다 가족 간의 사랑을 더 중요하게 여겼던 아브라함처럼 살게 될 것이며, 가족을 위해 손실한 재산은 하나님께서 채워주시는 복으로 다시 누리게 될 것입니다.

성공하셨습니까? 아니면 성공하길 원하십니까? 성공을 주시는 하나님의 선한 의도를 꼭 기억하시길 바랍니다.

4 / Chapter

행복하고 싶다면
훈련받아 변화되라

행복은 저절로 이루어지지 않습니다.
행복을 위한 변화에는 훈련이 필요하며
기초, 기준을 마련해야 합니다.
따라서 행복의 기준을 제시하는
하나님의 말씀을 가까이해야 합니다.
그리고 그 기준에 맞도록 날마다 자신을 쳐서
복종시키는 훈련을 해야 합니다.

고치시는 하나님을 경험하라

바람 부는 언덕에 서 있는 나무

하나님은 말씀으로 우리를 고치십니다. 그리고 바르게 살도록 기준을 제시해 주십니다. 예수님께서는 우리의 고침과 나음을 위해 친히 고난을 받으셨습니다. 죄로 인해 구부러진 우리의 악한 습성들이 하나님의 말씀 안에서 치료받아 말씀의 기준에 따라 살아가게 해주십니다. 구원받은 그리스도인들은 날마다 하나님의 말씀 안에서 조금씩 성화되어가는 과정을 경험하게 됩니다. 날마다 베풀어 주시는 하나님의 은혜로 인해 날마다 새롭게 됩니다. 말씀은 우리에게 행복의 기준을 제시해 줄 뿐 아니라, 우리가 행복하도록 고쳐 줍니다. 그 능력을 날마다 경험하며 사는 사람을 그리스도인이라고 부릅니다.

저는 종종 오랫동안 힘든 가정환경에 노출되어 살아온 청년들을 만나곤 합니다. 참 많은 아이들이 바람 부는 언덕 위에 있는 나무처럼 서 있는 것을 보게 됩니다. 언덕 위에 서 있는 나무는 하늘을 향해 바르게 서려고 무척 노력합니다. 그러나 불어오는 바람은 나무가 바로 서 있지 못하도록 매섭게 몰아붙입니다. 사랑을 받아야 할 가정에서 사랑받지 못하고, 자신을 보호해 주어야 할 부모는 오히려 정서적인 짐만 지워 줍니다. 이러한 인생의 짐이 너무 어린 시절부터 주어졌습니다. 그러나 나무는 세찬 바람을 잘 견디고 성장해 왔습니다. 스스로 생각해 봐도 참 대견할 정도로 잘 자라왔습니다. 그리고 어느 정도 시간이 지나자 그동안 세차게 불어왔던 바람도 멈추었습니다. 모든 것이 끝났습니다. 이렇게 맑고 고요한 하늘 아래 서 있기가 처음이어서 다소 당황스럽기까지 합니다. 그래서 평온함이 오히려 불편하기까지 합니다. 그런데 진짜 문제는 바람이 멎은 그날부터 시작되었습니다. 왜냐하면 오랫동안 불어오던 바람 때문에 많은 것이 변해 있었기 때문입니다.

바람이 부는 언덕에 서 있는 나무는 두 가지 모습을 하고 있었습니다. 하나는 바람이 불어오는 반대쪽으로 쓰러져 자란 나무입니다. 이 나무는 바람의 힘을 이기지 못해 쓰러져 버렸습니다. 어느 누가 보아도 거친 세파의 희생양이 된 것을 압니다. 그래서 사람들로부터 위로를 받기도 하며 자신도 자신의 문제가 무엇인지 어렴풋이나마 알게 됩니다. 건강하지 못하지만 그런대로 살아갑니다.

그런데 또 다른 한 나무는 바람이 부는 저항을 견뎌내기 위해 모진 힘을 다 쓰면서 살아왔습니다. 사람들은 아주 강하게 잘 견뎌왔다고 칭찬합니다. 그런데 바람을 이기기 위해 오히려 바람이 불어오는 쪽으로 숙이다 보니 바람이 부는 쪽으로 구부러져 있습니다. 앞에서 말한 나무가 바람의 힘을 이기지 못해 뒤쪽으로 넘어져 있다면, 이 나무는 바람의 저항을 이기려고 몸부림치다가 바람

쪽으로 구부러진 것입니다. 물론 자연현상에는 바람 쪽으로 구부러진 나무는 없습니다. 그러나 아이들 중에는 왜곡된 환경을 이기려고 저항한 흔적이 역력하여 바람 부는 쪽으로 구부러진 모습을 가진 아이들이 있습니다. 이들은 남들이 보기에는 강한 세파를 견뎌낸 의지의 한국인으로 보입니다. 신앙 좋고 의지력 강한 청년으로 보이기도 합니다. 그러나 그의 삶은 왜곡되어 있습니다.

바람이 멎은 어느 날, 이 나무는 이렇게 항변합니다.

"왜 나만 가지고 그래? 내가 이 바람을 이겨내려고 얼마나 긴 세월을 견뎌왔는지 알아? 나는 내가 살아온 날들 동안 내가 할 수 있는 모든 것을 동원해서 최선을 다해 살아왔어. 그런데 이제 바람이 그쳤는데, 왜 또 나에게 문제가 있다고 그러는 거야? 내가 하늘 아래서 바르게 살려고 얼마나 노력했는데……."

울부짖듯 자신의 삶에 대한 억울함을 항변합니다. 이 나무의 이야기는 다 옳습니다. 그가 바람을 이기기 위해 노력한 것도 맞고, 환경의 세파에 넘어진 다른 나무와 달리 잘 버텨낸 것도 사실입니다. 그러나 바람이 부는 쪽으로 너무 오랫동안 구부리고 있었기에 맑은 하늘 아래서 굽어 있는 자신의 모습을 보지 못합니다. 이것이 우리 친구들의 모습이고, 오랜 상처에 익숙해진 우리의 모습이기도 합니다.

인생의 다림줄

저는 어깨를 조금 구부정하게 하고 걷는 습관이 있습니다. 키도 작은데 어깨가 구부정하다 보니 자신감이 없어 보이고 뭔가 늘 부족한 사람처럼 보입니다. 그래서 가까운 분들은 저를 볼 때마다 어깨를 펴고 살라고 합니다. 그래서 어깨를 펴려고 여러 가지 시도를 해보았습니다. 어깨에 고무를 걸어서 펴는 보조기구도 착용해 보았으며 걸을 때마다 의식하면서 고개를 들고 앞을 보면서 걸었습니다. 뒤꿈치를 약간 들고 내가 키가 제일 크다는 느낌으로 걸으라고 해서 그렇게도 해보았습니다.

그렇게 하면서 알게 된 놀라운 사실은 저는 어깨를 반듯하게 폈다고 생각하는데도 불구하고 다른 사람들은 여전히 구부리고 있다고 말하는 것입니다. 도대체 어느 정도로 펴야 제대로 폈다는 말을 들을 수 있는가 궁금하던 차에 항공사 승무원 시험을 준비하는 한 자매에게서 좋은 이야기를 들었습니다.

그녀는 제게 매일 5분씩 몸을 벽에 붙이고 똑바로 서 있으라고 했습니다. 그래서 시간이 날 때마다 벽에 가서 머리, 어깨, 엉덩이, 종아리가 모두 붙도록 서 있었습니다. 그렇게 서 있다가 곧바로 걷기 시작하면 아주 곧은 모습으로 걸을 수 있었습니다. 물론 시간이 지나면 다시 어깨가 구부러집니다. 그러면 다시 벽으로 갑니다. 이렇게 반복하다 보니 저도 모르게 조금씩 자세가 좋아지는 것을 보게 됩니다. 벽은 자세가 좋지 않은 저에게 바른 자세를 갖게 해주는 기준이 됩니다. 이 기준에 저를 자꾸 맞출 때 저의 자세가 점점 좋아지는 것입니다. 여기에서 중요한 교훈을 발견하게 되었습니다. 나의 행동이나 습관이나 자세를 교정하기 위해서는 먼저 교정의 근본이 되는 기준이 있어야 한다는 사실입니다.

대부분 마음의 상처 때문에 왜곡된 모습으로 살아가는 사람들은 이제까지 그들의 삶을 형성해 온 기준들이 잘못된 경우가 많습니다. 역기능적이거나 왜곡적인 양육태도나 환경 또는 관계에서 영향을 받았습니다. 그러나 그것이 자신을 왜곡시켰다고는 생각하지 못합니다. 왜곡된 자신의 내면의 모습이 계속해서 관계의 갈등과 삶의 어려움을 경험하게 합니다.

앞서 언급했듯이 바람 부는 언덕 위의 나무처럼 자라온 형제도 마찬가지였습니다. 무언가 잘못된 것은 느꼈지만 자신에게 문제가 있다고 생각하지 못했습니다. 그러나 보다 더 완벽한, 즉 벽과 같은 기준에 자신을 세워 보면 이내 문제가 무엇인지 드러납니다. 대부분 자신의 문제가 무엇인지 모르고 사는 사람들은 자신이 완벽하다고 생각하는 기준선을 자신의 환경과 경험에 둡니다. 그러다 보니 혼자 있을 때는 아무런 문제가 없는 듯하지만, 관계를 통해 공동체를 형성해 살아갈 때 적지 않은 충돌을 경험합니다.

우리는 우리의 기준선을 우리가 살아온 과거의 경험과 환경에 두지 말고, 하나님께서 제시하시는 기준에 맞추어야 합니다. 이것만이 구부러진 마음과 몸을 펴는 유일한 방법입니다.

과거에 집을 지을 때 목수들은 벽을 쌓기 위해 다림줄을 사용했습니다. 추를 단 가로줄을 세워 그 줄을 따라 벽돌을 쌓았습니다. 세로 역시 동일한 방법으로 합니다. 아무리 탁월한 전문가여도 기준 줄 없이 쌓으면 몇 미터 못 가서 구불구불한 벽의 모습을 만들고 맙니다. 자기 스스로 완벽하다고 생각하는 것만큼 어리석은 일은 없습니다. 보다 더 완전한 기준선을 찾아야 합니다. 그리고 그 기준선에 자신을 맞춰가야 합니다. 스스로 바로 섰다고 주장하면서 아무리 노력해도 바로 선 것은 아닙니다.

가장 반듯하게 벽을 쌓아 올리기 위해 변하지 않는 중력을 이용해서 다림줄을 사용하듯이, 우리는 하나님의 말씀을 통해 자신을 세우는 연습을 해야 합니다. 하나님의 말씀의 거울 앞에 설 때에 비로소 자신의 모습을 분명하게 인식할 수 있습니다.

성경말씀을 뜻하는 정경은 영어로 '캐논'(canon)이며, 이것은 헬라어 '카논'에서 왔습니다. 카논의 뜻은 '막대기', '자'를 의미합니다. 정경의 의미 외에도 규칙, 규범, 기준, 근본원리를 뜻합니다. 하나님의 말씀은 우리의 삶에 막대기, 자와 같이 기준의 역할을 합니다. 마치 등이 굽은 사람이 벽에 자신을 세워 자신이 지금 바른 자세를 하고 있는지 확인하듯 기준의 역할을 합니다.

바르게 서야 할 기준으로서의 말씀

사람이 치료되고 회복되기 위해서는 바르게 돌아가야 할 기준이 필요합니다. 행복하기 위해서도 행복을 위해 제시된 기준이 있어야 하며 그 기준으로 돌아가야 합니다. 하나님의 말씀은 우리 인생의 행복을 위한 절대기준이 됩니다. 하나님께서는 말씀으로 행복의 기준을 만들어 두시고 그 말씀으로 우리를 날마다 고쳐 주십니다.

우리 교회 근처에는 한국표준과학연구원(KRISS)이 있습니다. 우리 교회 성도님들과 장로님이 그곳에 근무하셔서 잠시 동안 신우회를 인도한 적이 있습니다. 그 연구원에서 하는 일은 '국가측정표준을 확립하고 측정관련 과학기술을 연구 개발하여 보급하는 일' 입니다. 예전에도 기준과 표준이 중요하다는 사실을 알았지만, 연구원을 통해 기준과 표준이 얼마나 광범위하게 사용되며 절대적으로 필요한 것인지에 대해 더 깊이 이해하게 되었습니다.

하나님의 말씀은 우리가 행복할 수 있도록 하는 인생의 기준입니다. 하나님의 말씀은 우리가 바르게 설 수 있도록 바른 기준을 제시해 주고, 세워 주고, 고쳐 주고, 하나님이 원하시는 최종 목표에 도달하도록 해줍니다. 성경은 하나님의 말씀이 하는 역할에 대해 다음과 같이 말씀하고 있습니다.

> "모든 성경은 하나님의 감동으로 된 것으로 교훈과 책망과 바르게 함과 의로 교육하기에 유익하니 이는 하나님의 사람으로 온전하게 하며 모든 선한 일을 행할 능력을 갖추게 하려 함이

라"(딤후 3:16-17).

　하나님의 말씀은 각종 여러 가지 이유들로 인해 왜곡되고 삐뚤어져 행복으로부터 벗어나 있는 우리를 바로잡아 주며 행복한 길로 가게 해준다는 말씀입니다.
　하나님께서 성령의 감동으로 성경을 기록하신 목적은 '하나님의 사람으로 온전하게 하기 위함' 입니다. 성경말씀을 우리에게 주신 목적은 하나님의 사람으로 온전하게 하며, 선한 일을 행할 능력을 갖추도록 하시기 위함입니다. 온전하게 된다는 말씀의 원뜻은 '목적에 다다르다', '완성시키다', '예수님처럼 믿음의 장성한 분량에 이르다' 입니다. 쉽게 정리하면 우리를 예수님 닮은 사람으로 만들고, 예수님처럼 인격과 선한 일, 즉 하나님이 기뻐하시는 일을 잘 감당하도록 만들어 준다는 것입니다. 성경말씀은 우리를 인격적으로, 사역적으로 균형 잡힌 사람으로 만들어 줍니다.
　우리가 말씀으로 온전해지면 하나님께서 우리에게 주신 행복을 누릴 수 있게 됩니다. 행복은 무엇을 많이 갖는가의 문제가 아니라, 세상의 모든 문제들이 일어날 때 마음의 평정심을 잃지 않고, 마음의 기쁨을 잃지 않으며, 불안과 근심 없이 평온한 상태를 유지하는 것입니다. 하나님의 말씀은 하나님의 사람들로 하여금 예수님을 닮도록 만들어 줍니다. 하나님 보시기에 가장 좋은 상태로 우리를 인도하며 그렇게 만들어 주는 것이 말씀입니다.

하나님의 말씀인 성경은 우리 삶의 행복을 위한 기준입니다. 모두가 이 기준선을 따라 살면 좋겠지만 그러지 못하기에 예수님을 온전히 닮도록 만들어 주는 과정에 교훈, 책망, 바르게 함, 의로 교육함이라는 방법들이 사용됩니다. 이 단어들의 뜻을 잘 이해하면 성경을 주신 목적을 바르게 이해할 수 있습니다.

이 네 가지 말씀의 기능을 잘 이해하기 위해 스포츠에 비유해서 생각해 보겠습니다. 우리가 처음 운동을 배우기 시작하면 코치가 먼저 완벽한 자세를 보여줍니다. 그리고 그렇게 따라 하라고 합니다. 그러나 그것은 쉽지 않습니다. 운동신경이 둔한 사람들은 몇 배나 더 고생합니다. 시범을 보인 후 코치는 어떻게 하는지 상세하게 방법을 가르쳐 줍니다. 손의 자세나 다리의 각도나 시선 등 세미한 것까지 완벽한 자세가 나올 수 있도록 가르쳐 줍니다. 이것이 교훈입니다.

그런데 연습을 게을리하고, 자기 마음대로 운동을 하다 보니 자세가 엉망이 되어 버렸습니다. 바른 운동을 할 수 없을 정도로 엉망이 되어 다시 코치에게 와서 도움을 요청합니다. 코치는 많이 실망스럽지만 그래도 성실하게 무엇이 잘못되었는지 가르쳐 줍니다. 처음 가르쳐 주었던 것도 생각나게 하면서 스스로가 잘못된 부분들을 깨닫도록 합니다. 이 과정은 책망에 해당합니다. 책망은 잘못된 일을 하고 있을 때 우리로 하여금 다시 돌아갈 수 있도록 해주는 경보기와 같습니다. 때로는 이 책망의 과정이 쓰리고 아프지만 반드시 바른 길로 이끌어 줍니다.

　잘못된 것이 무엇인지 지적해 주는 것으로만 끝난다면 그 코치는 좋은 코치가 아닐 것입니다. 레슨을 받아 본 분들이라면 잘 이해하시겠지만, 잘못된 것을 지적해 주는 것이 바른 것을 알려 주는 것을 의미하진 않습니다. 잘못을 지적하는 것은 바로잡기 위한 예비단계일 뿐입니다. 자세를 바로잡고 교정하기 위해서는 처음 가르쳤을 때보다 더 많은 노력을 기울여야 합니다. 그래야 바른 자세가 나옵니다. 더 높은 수준에 이르기 위해서는 매번 교정을 받아야 합니다. 기초가 튼튼한 사람도 교정을 받아야 하니, 기초가 약한 사람들은 몇 배의 교정을 받아야 합니다. 최고의 선수일수록 가장 잘나갈 때 자신의 자세를 더욱 교정받는다고 합니다. 이러한 교정의 단계를 거치는 것처럼 하나님의 말씀은 우리를 바르게 해줍니다.

　말씀을 주신 목적 중 바르게 함이 있습니다. 바르게 함은 '곧게 만든다'는 의미입니다. 잘못된 것을 바로잡아 본래의 자리로 되돌려 놓는 것을 말합니다. 이것은 '치유하다, 고치다'의 의미로도 사용됩니다. 성경은 하나님의 말씀과 치유가 직접적인 상관관계가 있다는 것을 많은 부분에서 알려 주고 있습니다. 특히, 치료의 하나님이신 '여호와 라파'의 하나님을 계시해 줌으로 하나님의 말씀이 우리를 치료하며, 회복하며, 바르게 하는 능력이 있음을 알려 줍니다.

우리가 행복으로 가는 데 하나님의 말씀이 중요한 이유는 하나님의 말씀이 삐뚤어진 우리를 바르게 세우며, 상처 나고 왜곡되어 있는 상태를 바로잡아 주기 때문입니다. 말씀은 죄로 인해 병들고 왜곡된 모든 것을 치료하며 고쳐 줍니다. 육체적인 질병과 마음의 병과 경제적인 고통, 관계의 고통 등 살아가면서 접하는 수많은 것들을 치료해 주고, 고쳐 주며, 바르게 잡아 주는 것이 바로 하나님의 말씀입니다.

교훈, 책망, 바르게 함의 과정을 통해 우리는 성숙한 단계로 나아가게 됩니다. 이 과정을 반복하다 보면 훌륭한 선수가 되어 자세도 멋있고, 몸도 건강하며, 즐겁게 운동하는 수준까지 이르게 됩니다.

하나님의 말씀은 삶의 기준을 제시하고, 그 기준에서 벗어날 때 깨닫게 해주며, 벗어남으로 인해 고통 속에 놓이게 될 때 바로잡아 주어 마침내 하나님께서 원하시는 행복한 상태로 만들어 줍니다. 행복하기 원한다면 말씀을 가까이하고 말씀을 삶의 이정표로 삼아야 합니다. 설령, 나의 인생의 모든 것이 망가져 있다 하더라도 말씀의 기준 위에서 다시금 자신을 세워 가야 합니다. 바르게 펴는 동안 때로는 고통스러울 수도 있겠지만 결국 우리는 하나님이 주신 참된 행복을 누리게 될 것입니다.

지금도 말씀으로 고치시는 하나님

하나님의 말씀에는 능력이 있습니다. 치유하고 고치며, 바르게 하는 능력이 말씀 안에 실재합니다. 하나님의 말씀을 논리적으로 깨닫고 그 지식을 아는 것도 중요하지만 그보다 더 중요한 것은 믿음으로 고백하며 받아들이는 것입니다.

하나님께서는 이 세상을 말씀으로 이루셨습니다. 말씀으로 천지를 창조하셨고, 말씀으로 죽이기도 하시고 살리기도 하시며, 아프게도 하시고 치료하기도 하십니다. 모든 능력과 권세가 하나님의 말씀에서 시작됩니다. 하나님께서 빛이 있으라고 선포하시니 빛이 생겼습니다. 이 세상에 존재하는 모든 것은 하나님의 말씀으로부터 나왔습니다. 하나님께서 아픈 자를 고치시고 치료하신 기록들은 성경 전체에 수없이 나옵니다. 죄가 사람을 병들게 하였지만 하나님께서는 병든 자들을 치료하고 고쳐 주셨습니다.

예수님께서도 이 땅에 계실 때 많은 병자들을 고치고 치료해 주셨습니다. 38년 동안이나 불치병을 앓던 사람도 "네 자리를 들고 가라"는 말씀으로 고쳐주셨습니다. 태어날 때부터 소경이었던 사람을 고쳐주셨습니다. 원래 장애는 치료되는 것이 아닙니다. 장애와 질병을 구별할 때 장애는 영구히 남아 있는, 치료가 불가능한 상태를 말합니다. 예수님께서는 질병뿐 아니라 장애도 말씀으로 고치셨습니다. 그리고 영적인 문제도 고치셨습니다. 귀신 들리고 정신이 온전하지 못한 자들도 말씀으로 고치셨습니다. 마음이 아프고 병든 사람도 고치셨습니다. 예수님은 말씀으로 모든 것을 고치시고 바르게 해주셨습니다.

그렇다면 이런 의문이 생길 것입니다.

'예수님 시대에 살던 사람들은 그나마 예수님을 만났고 예수님을 알았으니까 좋았겠다. 그때 고치신 것이 지금 이 순간 무슨 의미가 있는가?'

예수 그리스도는 어제나 오늘이나 영원토록 동일하신 분입니다(히 13:8). 예수님은 영원하신 하나님으로 창세전이나, 이 땅에 오셨을 때나, 지금 우리를 다스리고 계시는 때나, 앞으로 우리가 영원한 천국에서 만날 그때에도 동일하신 분입니다. 예수님 당시에 많은 사람들이 예수님을 만났지만 모두가 고침을 받지는 못했습니다. 예수님이 하나님의 아들이신 것을 믿는 자들, 예수님은 나를 구원해 주시는 분이심을 믿는 자들이 치료받고 구원받았습니다. 고치시는 예수님의 말씀의 능력을 믿음으로 받아들일 때 우리에게 이루어집니다.

하나님의 능력과 하나님의 역사는 지금도 동일하게 일어납니다. 성경말씀 속에 있는 그 하나님의 말씀은 지금도 살아 역사하는 말씀이기 때문입니다. "네가 낫고자 하느냐? 네 믿음대로 될지어다"라고 선포하신 예수님의 말씀을 그때 예수님 앞에 앉아서 믿음으로 받아들인 그 사람처럼, 지금 이 순간에도 믿음으로 받아들인다면 치료하시는 예수님의 능력은 계속 나타나게 됩니다.

사람들은 마음이 병든 것을 치료하는 것은 심리학이나 상담학이 최고이며, 마음의 병을 고치는 데 성경은 소용없다고 생각합니다.

상담학이 인류 역사 가운데 등장한 것은 그리 오래되지 않았습니다. 상담학이 나오기 전에도 하나님께서는 말씀으로 사람들의 마음을 고치셨습니다. 마음뿐만 아니라, 잘못된 환경에 노출되어 상한 인격도 바르게 고쳐 주셨습니다. 하나님의 말씀에는 능력이 있습니다. 하나님께서 말씀하신 그대로 믿고 따라 살다 보면 머지않아 하나님께서 내 인생을 만지시고 고치시는 놀라운 경험을 할 것입니다.

하나님의 말씀은 우리에게 두 가지 기능을 제시합니다. 한 가지는 우리의 행복을 위한 가이드라인, 즉 기준선을 제시합니다. 다음으로 그 기준선에 우리가 맞도록 고쳐 주는 교정의 역할을 합니다. 하나님의 말씀을 매일매일 가까이하며, 그 말씀을 나의 삶의 기준으로 삼고자 노력할 때 그 어떤 환경도 흔들 수 없는 행복을 소유하게 됩니다.

행복하려면 인생의 기초를 잘 놓아야 합니다. 어떤 기초 위에 우리 인생을 세우느냐에 따라 행복과 불행이 결정됩니다. 예수님의 말씀은 행복한 삶을 만드는 중요한 기초가 됩니다.

예수님께서는 제자들에게 반석 위에 세운 집과 모래 위에 세운 집에 대한 이야기를 해주셨습니다 (마 7:24-27).

아름답고 예쁜 집이 있습니다. 이 두 집의 차이는 전혀 없습니다. 외형을 보나, 내부의 디자인을 보나 둘 다 아름답고 훌륭해 보입니다. 그런데 차이가 있다면 한 집은 바닷가 모래 위에 세운 집이고, 다른 하나는 산 위의 반석 위에 기초를 놓고 세운 집입니다. 두 집의 차이는 그 어디에서도 찾아볼 수 없습니다. 우리의 눈으로 보아도, 전문가들에게 의뢰해도 차이가 없습니다. 오히려, 모래 위에 세운 집은 바다와 어울린다는 이유로 사람들에게 인기가 더 좋습니다. 그런데 이 두 집이 같지 않다는 것을 알 때가 옵니다. 그날 모든 것을 알게 됩니다.

어느 날, 비바람이 심하게 불어왔습니다. 사람들은 비바람이 잠시 불다가 그치겠지 생각했습니다. 그런데 비바람은 쉽게 그치지 않았습니다. 비바람이 세차게 몰아치나 싶더니 이제는 땅에서 물이 올라오기 시작했습니다. 그리고 큰 홍수가 나기 시작했습니다. 그때 두 집의 차이가 드러나기 시작했습니다. 반석 위에 세운 집은 튼튼한 기초를 두고 있어 끄떡없었습니다. 창문이 흔들리고 지붕이 조금 흔들렸을 뿐, 집은 그대로 잘 보존되었습니다. 그러나 모래 위에 세운 집은 정말 아름다운 집이었는가 할 정도로 무너짐이 심해 다시는 집으로서의 기능을 할 수 없을 만큼 엉망이 되었습니다.

예수님께서 하신 말씀의 핵심은 우리 인생의 기초를 무엇에 두고 사느냐가 행복을 결정한다는 것입니다. 평소에는 차이가 나지 않지만, 비바람 불어오는 인생의 어느 날, 어디에 기초를 두고 살았는가에 따라 모든 것이 결정된다는 것입니다.

하나님의 말씀은 행복을 만드는 중요한 초석이 됩니다. 하나님의 말씀을 삶의 원리로 믿으며 따르는 사람들의 모습과 하나님의 말씀과는 상관없이 살거나, 겉모습은 말씀을 따라 사는 것처럼 보이지만 실상은 말씀과 상관없이 사는 사람들의 모습은 환난의 순간에 차이를 보입니다. 말씀을 기초로 하지 않은 가정은 심하게 무너집니다.

  사람들은 보통 돈이나 출세, 유익, 인기에 삶의 기초를 세웁니다. 그러나 이러한 것에 기초를 둔 사람들의 무너짐이 얼마나 심한지는 정권을 잡았던 권력자들 중 정권에서 물러난 후 행복한 삶을 사는 사람이 거의 없다는 사실에서 충분히 증명됩니다. 해가 뜨고 평온한, 평범한 날에는 기초의 중요성을 알지 못합니다. 그러나 인생에 비바람이 치는 그날, 무엇에 기초하며 살았는가가 행복의 질을 결정하게 됩니다.

  예수님의 말씀은 진리입니다. 진리라는 것은 변하지 않고 삶의 행복을 주는 유일한 기준과 법칙이 된다는 것입니다. 예수님의 말씀대로 살지 않는다는 것은 내 속에서 죄가 속삭이는 소리를 듣고 사는 것입니다. 잠시의 쾌락과 잠시의 즐거움을 추구하지만 그것은 머지않아 더 큰 고통을 초래하며 괴로움을 가져올 뿐입니다.

  나의 삶의 기초를 성경 말씀에 놓아야 합니다. 예수님께서 무엇이라고 말씀하셨는지 그 말씀을 따라 살려고 힘써 노력하는 삶이 중요합니다. 내게 유익한가, 혹은 불리한가가 기준이 되는 것이 아닙니다. 유익과 불이익을 떠나 예수님께서 말씀하셨기에 그렇게 행한다는 삶의 자세가 중요합니다. 이것이 말씀을 기초로 두고 사는 사람들의 자세입니다.

하나님의 말씀을 소중히 여기는 사람은 말씀을 가까이합니다. 열심히 읽기도 하고 듣기도 하며 성경공부도 하고 암송도 합니다. 이렇게 말씀을 가까이할 때 우리 삶은 이전에 경험하지 못했던 놀라운 변화를 경험하게 됩니다. 하나님의 말씀은 행복하지 못하도록 구부러진 나의 인격과 정서와 모든 것을 바로잡아 주는 기준이 됩니다. 하나님의 말씀에는 구부러진 나의 삶을 바르게 펴주는 치유와 회복의 능력이 있습니다. 말씀을 삶의 기초로 놓을 때 우리는 행복을 세워갈 수 있게 됩니다.

변화를 위해 훈련하라

날마다 새롭게 태어나야 한다

　누구나 행복한 사람이 되고 싶어 합니다. 그러나 쉽지 않습니다. 왜냐하면 앞에서 이야기한 것처럼 행복 자체가 자기만족에 해당되는 추상적인 것이며, 우리의 본질과 성품이 변하지 않는 한 외형적인 변화로는 절대 충족할 수 없기 때문입니다. 지금의 모습으로는 불가능하기 때문에 변해야 합니다. 이 변화는 예수님을 만남으로부터 시작됩니다. '만남-변화-성숙'의 과정을 통해 하나님께서 주신 행복을 찾을 수 있게 됩니다.

　예수님을 만나면 먼저 자신에 대한 인식에 변화가 일어납니다. 죄 사함과 용서 그리고 하나님의 사랑을 경험하게 되면 내가 하나님 안에서 얼마나 소중하고 귀한 사람인지에 대한 자의식의 변화가 일어납니다. 또한 인생의 분명한 목적과 새로운 목표를 발견하게 됩니다. 주님을 위해 살게 되는, 새로운 목표를 향해 사는 새로운 사람이 됩니다. 그리고 마음의 평안과 담대함을 갖게 됩니다. 죄가 주는 불안과 미래에 대한 염려로부터 벗어나게 됩니다. 천국영생을 소유한 자로서 평안함과 담대함으로 살아가게 됩니다. 예수님을 만난 이후 예수님 안에서 훈련의 과정을 통해 새롭게 만들어지게 됩니다. 이것을 예수님을 닮아가는 과정, 즉 성화(聖化)라고 합니다.

거듭남은 다시 태어나는 것을 말합니다. 예수님을 찾아왔던 니고데모에게 예수님께서는 거듭나야 하나님 나라를 볼 수 있고, 하나님 나라에 들어갈 수 있다고 하셨습니다(요 3장). 그러자 니고데모는 어떻게 다 큰 사람이 엄마 뱃속에 다시 들어갔다 나올 수 있냐고 물었습니다. 예수님은 예수님과의 만남을 통해 하나님 안에서 다시 태어나는 거듭남에 대해서 말씀해 주셨습니다.

일반적으로 교회에서 거듭난 성도라는 것은 자신의 죄를 고백하고 예수님을 구주로 영접하였기에 죽으면 천국 간다고 믿는 사람을 말합니다. 그러나 거듭남, 중생에 대해 더 깊이 이해해야 합니다. 예수님 안에서 완전한 변화, 즉 거듭남이 일어난다는 믿음과 확신이 있어야 하며, 인격의 완전한 변화를 계속해 가는 과정적 변화를 경험해야 합니다.

진정한 거듭남은 인간의 노력을 뛰어넘는 것입니다. 우리 안에서 일어나는 일이지만 하나님께서 해주시는 일입니다. 그리고 하나님의 말씀을 통해 이루어지는 것입니다.[9]

예수님을 만나고, 예수님 안에서 새롭게 태어나며, 예수님을 따라 살기로 결심하고, 어떤 역경이 와도 예수님의 말씀만이 나의 삶의 기준이라는 생각으로 예수님을 따라 사는 사람에게는 놀라운 변화들이 나타나게 됩니다. 미래에 주어질 영생의 변화뿐만 아니라, 현재의 삶에서 나를 얽매고 있는 죄로 인한 상처와 문제들이 해결됩니다. 그리고 여기서 끝나는 것이 아니라, 미래의 행복이 예수님 안에서 결정됩니다. 행복하려면 예수님을 믿어야 합니다. 그리고 훈련의 과정을 거쳐 제대로 믿어야 합니다.

오직 훈련만이 변화를 가져온다

앞서 누차 강조했지만, 죄성으로 길들여진 우리는 이기적이고 독단적이며, 사람을 살리기보다는 파괴하고 죽이는 데 익숙해져 있습니다. 이런 모습으로는 아무런 일이 일어나지 않고, 오히려 상황을 악화시킬 뿐입니다. 그래서 변해야 합니다. 자신이 행복하고 다른 사람에게도 행복을 주기 위해서는 더 강하게 변해야 합니다. 하나님의 말씀 안에서 강한 그리스도인으로 변해야 합니다. 이것 외에는 방법이 없습니다. 그래서 나 자신을 하나님께서 이끄시는 훈련의 장에 기꺼이 내어 놓고 맡겨야 합니다.

긍정적인 방향으로 변화되고 강해지기 위해서는 훈련이라는 필수과정을 거쳐야 합니다. 이 훈련은 하나님께서 사랑하는 자들의 인생에 허락하신 고난이라는 이름을 통해 습득되기도 합니다. 또는 교회의 전문 훈련과정을 통해서 이루어지기도 합니다. 방법은 다를 수 있지만 훈련은 힘들고 피곤하며 하기 싫습니다. 그러나 분명한 사실은 훈련만이 강한 용사를 만들어낸다는 것입니다.

훈련(discipline)이라는 단어 속에는 '기본자세나 기초가 되는 동작을 되풀이하여 익힘으로 목적에 달성하도록 하는 반복연습'이라는 의미가 있습니다. 크고 위대한 일은 작고 기초적인 일을 계속 반복할 때 이루어집니다. 내 속사람이 강해지고, 내 내면이 강해지고, 내 인격이 강해지면 웬만한 어려움에는 꿈쩍도 하지 않고 넉넉히 이겨내게 됩니다.

이 시대의 영성가인 리처드 포스터(Richard Foster)는 "영적 에베레스트 산을 오르기 위해서 우리는 매일같이 뒷산을 오르는 훈련을 해야 한다"고 했습니다. 우리 모두는 영적인 거장이 되기를 소망합니다. 그리고 영적 에베레스트 산과 같이 높은 것도 거뜬히 정복하는 신앙인이 되고 싶어 합니다. 그렇게 하기 위해서는 리처드 포스터의 말처럼 매일 작은 뒷산을 오르는 훈련을 해야 합니다. 오직 훈련만이 우리를 영적 정상에 오를 수 있게 해줍니다.

훈련의 궁극적인 목표는 하나님의 말씀을 신뢰하며, 순종하기 위함입니다. 하나님의 말씀을 삶의 기준과 안내서로 삼고 그 말씀을 따라 그대로 살도록 자신을 훈련하는 것입니다. 말씀과 기도가 우리로 하여금 그리스도의 성품을 소유하며 예수님을 닮아가게 합니다. 변화의 목표는 예수님이며, 변화를 위해 주신 기준은 하나님의 말씀인 성경입니다. 변화를 위한 훈련을 계속할 때 하나님의 말씀과 성령님의 도우심으로 변화가 가능해집니다.

예수님을 인격적으로 만난 사람이라도 매일같이 말씀을 통한 훈련에 자신을 맡겨야 합니다. 그래야 더 강한 그리스도인이 될 수 있습니다. 훈련 없는 변화는 없으며, 변화 없는 행복은 없다는 것을 기억해야 합니다. 말씀을 통해 예수님의 전인격을 닮아가도록 힘쓸 때 우리의 행복지수는 점점 더 높아가게 됩니다.

인생의 광야에서 행하시는 훈련

이스라엘 백성이 애굽에서 종살이할 때가 있었습니다. 그때 하나님께서는 모세를 보내셔서 그들을 구원해 내시고 홍해를 건너 광야를 지나 가나안 땅으로 인도해 주셨습니다. 광야에서 백성들이 머문 기간은 40년이었습니다.

광야는 풀도 없고 물도 없으며, 농사를 지을 수 있는 곳이 아닙니다. 광야는 사람이 살 곳이 못 됩니다. 그래서 광야에 오래 있으면 사람들은 굶어 죽을 수밖에 없습니다. 그런 곳에서 40년을 지냈습니다. 그들이 40년 동안 살 수 있었던 것은 하나님께서 만나라는 것을 내려 주셨기 때문입니다. 밤에 이슬처럼 땅에 내리는데 아침에 일어난 백성들은 그것을 거두어서 음식으로 먹었습니다. 만나는 하루가 지나면 바로 썩어버렸습니다. 그래서 많이 거두어도 먹는 양은 늘 일정했습니다.

광야에서 만나를 먹고 사는 백성들의 모습을 한번 상상해 봅니다. 먹을 것을 구할 방법은 없습니다. 그런데 밤이 되면 이슬처럼 만나가 내리고 그것으로 하루를 먹어야 합니다. 하나님께서는 하루 먹을 만큼만 가져가라고 하셨습니다. 왜냐하면 내일 먹을 것은 내일 또 주실 것이기 때문입니다. '과연 그 백성들 모두가 하나님의 말씀에 잘 순종해서 하루의 분량만 가족 수에 맞게 만나를 가져 왔을까?' 하는 의문이 듭니다.

이를 여러 사람에게 질문해 봤는데 모두 다 그렇게 하지 않았을 것이라고 말했습니다. 왜냐하면 '내일 만나가 내리지 않으면 어쩌나?' 하는 생각 때문입니다. 혹시나 내일 하나님께서 만나를 보내 주지 않으실지 모르고, 또 보내 주지 않으시는 기간이 한 달이 될지도 모른다고 생각합니다. 이런 생각을 하는 사람들은 자기 가족이 먹을 양보다 몇 배를 더 많이 모아서 장막 안에 저장해 두었을 것입니다. 그러면 어떻게 됩니까? 저장해 둔 만나는 하루가 지나면 썩어버립니다. 아마 그 다음 날 그것을 퍼내고, 새로운 만나를 채워 넣을 것입니다. 왜 이런 행동을 반복할까요? 그것은 하나님을 믿지 못해서입니다. 하나님의 손에 이끌려 광야로 나왔고, 하나님 때문에 만나를 먹으면서도 하나님을 믿지 못하는 것입니다. 하나님께서 광야 기간 동안 먹여 주신다고 말씀하셨는데 그것을 믿지 못하니까 모았다가 썩으면 버리고 또 모으기를 반복했습니다. 아마 어떤 사람은 그 일을 광야가 끝나는 40년 동안 계속했을 수도 있습니다. 이런 일을 반복하면서 백성들은 한 가지를 깨닫게 됩니다.

'아, 내가 먹고 사는 것은 내 노력으로 되는 것이 아니라 하나님의 말씀을 의지하는 것에 달렸구나. 하나님께서 주겠다고 하시면 주시리라 믿고 그 믿음으로 사는 것이지, 내가 아무리 잔머리를

써서 모아두어도 다 썩어 없어지는구나.'

하나님께서는 매일 만나를 주어도 사람들이 하나님을 잘 믿지 못할 것을 아시면서도 광야에서 똑같은 방법으로 40년을 다루셨습니다. 그 이유는 우리를 행복하게 하는 것은 내가 얼마나 먹을 것을 많이 갖고 있는가가 아니라, 하나님의 말씀에 얼마나 더 깊이 순종할 수 있는가로 결정된다는 것을 알려 주시기 위함이었습니다.

> "너를 낮추시며 너를 주리게 하시며 또 너도 알지 못하며 네 조상들도 알지 못하던 만나를 네게 먹이신 것은 사람이 떡으로만 사는 것이 아니요 여호와의 입에서 나오는 모든 말씀으로 사는 줄을 네가 알게 하려 하심이니라"(신 8:3).

광야학교를 지나는 동안 배우는 유일한 학습은, 하나님은 살아계시고 우리는 하나님을 의지하며, 그분을 믿으며, 그분을 따라가야 한다는 명확한 사실을 삶으로 체득하는 것입니다. 어떤 분들은 인생의 쓰라린 과정을 통해 예수님을 알아가고, 믿으며, 말씀을 배워갑니다. 그러나 더 좋은 방법은 교회에서 체계적으로 하나님의 말씀을 배우는 것입니다. 고통을 통해 배우는 것보다 교회라는 사랑의 환경 속에서 말씀을 배워가는 것이 더욱더 건강하고 아름다운 모습을 만들어 냅니다. 말씀 속에서 날마다 나를 고치시는 하나님을 경험할 때 우리는 더욱더 온전한 그리스도인이 됩니다.

온전한 순종

주님 말씀하시면 내가 나아가리다 / 주님 뜻이 아니면 내가 멈춰 서리다 / 나의 가고 서는 것 주님 뜻에 있으니 / 오 주님 나를 이끄소서 / 뜻하신 그곳에 나 있기 원합니다 / 이끄시는 대로 순종하며 살리니 / 연약한 내 영혼 통하여 임하소서 / 주님 나라와 그 뜻을 위하여 / 오 주님 나를 이끄소서.

복음성가 "주님 말씀하시면"의 가사입니다. 훈련되어 변화한 그리스도인의 모습은 어떤 모습일까 궁금해하는 사람들이 많습니다. 훈련되고 변화되어 예수님의 참된 제자가 된 성도들은 이 찬양의 가사처럼 주님 말씀이면 나아가고, 주님 뜻이 아니면 멈춰 서는 전인격적인 순종의 사람입니다. 성경에 나오는 모든 위대한 믿음의 조상들은 말씀 순종에 탁월했던 분들이며, 지금 이 시대에 하나님 앞에서 귀하게 쓰임받는 분들 역시 순종의 대가들입니다.

앞서 설명한 것처럼 하나님께서 애굽에서 구출하신 백성들을 광야에서 40년 동안 머물게 하신 이유는 한 가지입니다. '나를 구원하신 분이 하나님이시구나. 하나님은 믿을 수 있는 분이시구나. 내 인생은 스스로 구원할 수 없지만, 하나님만 믿고 따라가면 되겠구나' 하는 깨달음을 거쳐 전적으로 하나님께 순종하게 하시기 위함입니다.

그런데 이것은 말처럼 쉬운 일이 아닙니다. 죄악된 성품, 게으름, 하나님에 대한 무지 등 여러 요인이 온전한 순종을 못하게 합니다. 하나님보다는 오히려 내 이성과 경험을 믿으려고 합니다. 나에게 행복을 주실 분은 오직 하나님 한 분이시라는 사실과 그분의 말씀이면 전적으로 순종하겠다는 태도, 그리고 그 순종을 위한 훈련만이 우리를 그리스도의 사람으로 변화시킵니다. 내 인생의 유일한 삶의 지표이며 기준은 하나님의 말씀이고, 그 어떤 일이 있어도 하나님의 말씀을 소중히 여기며 말씀대로 순종하겠다는 의지가 있어야 합니다.

하나님의 말씀에 순종하는 것은 이 세상에서 얻는 그 어떤 유익과 비교되거나 타협의 대상이 되어서는 안 됩니다. 주님이 말씀하시면 나아가는 것은 참으로 어렵습니다. 주님의 뜻인 줄 알면서도 여러 이유로 나서지 못하는 경우가 얼마나 많습니까? 주님 뜻이 아니면 멈춰 서는 것은 더 어렵습니다. 내 속에 그것을 갖고 싶고 누리고 싶은 욕망이 가득하며 바로 손 앞에 있을지라도 주님이 멈춰 서라고 하신다면 그때도 멈춰 설 수 있어야 합니다. 이 정도의 경지에 이르려면 성령님의 전적인 지배를 받아야 합니다.

예전에 텔레비전에서 주인이 공격당할 때 개들이 어떻게 반응하는가를 실험한 프로그램을 본 적이 있습니다. 실험에는 우리가 아는 명견들이 모두 다 참여했습니다. 하지만 놀랍게도 우리가 생각하는 것과 전혀 다른 결과가 나왔습니다. 누군가가 주인을 공격하면 개가 그 사람을 공격할 줄 알았는데 도망가거나, 무관심하거나 심지어 그냥 밥을 먹고 있는 개도 있었습니다. 그러나 단 한 마리의 개가 주인을 공격하는 적을 공격하였습니다. 그 개는 경찰견이었습니다.

이 실험에서 내린 결론은 오직 훈련된 개만이 주인을 지킨다는 것이었습니다. 동물에게도 훈련은 중요합니다. 훈련이 되어야만 목적대로 살 수 있게 됩니다. 하나님이 우리에게 주시는 행복을 충분히 누리기 위해 우리는 훈련해야 하며, 그 훈련의 과정을 통해 하나님의 말씀이면 그 어떤 일이 있어도 순종한다는 경지에까지 이르러야 합니다.

저는 결혼을 앞둔 형제자매들을 만날 때면 꼭 부탁합니다. 두 사람이 좋을 때 나타나는 것이 아니라, 비바람이 심하게 몰아치는 그날, 오지 않았으면 싶지만 어쩔 수 없이 가끔 불어닥치는 그 시련의 날에 더욱더 확실히 증명되는 사랑이 되게 해달라고 간곡하게 부탁합니다. 그런 사랑은 다른 사람들이 모두 부러워하는 사랑이 됩니다. 그 사랑이 삶을 지탱할 때 행복을 만들어 갈 수 있습니다. 그러한 사랑이 되려면 가정을 이루는 기초가 자신들의 느낌이나 감정이 아니라, 절대적 원리인 하나님의 말씀이어야 합니다. 내가 결정하는 모든 태도는 내 느낌의 산물이 아니라, 하나님께서 주신 말씀에 대한 순종의 산물이 되어야 합니다.

데이비드 아일랜드(David Ireland) 목사님의 교회에서 있었던 한 부부의 이야기입니다. 진정한 사랑이 무엇인지 보여주는 아주 감동적인 이야기를 그분의 책을 통해 보게 되었습니다.

마르코라는 남자가 치과에서 이를 뽑았는데 출혈이 멎지 않았다. 알고 보니 백혈병이었다. 당시 서른다섯이었던 마르코와 아내 미셸은 결혼 8년차였고 슬하에 세 아들이 있었다. 청천벽력과도 같은 소식에 이 가족의 삶에 먹구름이 드리웠다. 의사들은 마르코가 언제 죽을지 모른다고 말했다. 이제 가족은 인생을 다시 고민하고 이 위기를 뚫고 나갈 방안을 찾아야 했다.

병원에서 이들 부부는 일생일대의 이 위기를 긍정적으로 보고 합당한 최소 조건을 정하기로 결심했다. 어쩌면 마르코는 세 아들이 자라서 결혼하고 가정을 꾸리는 모습을 볼 수 없을지도 모른다. 하지만 아내와 장시간 이야기를 나눈 끝에 마르코는 합당한 최소 조건을 찾았다. 그것은 삶의 모든 상황을 즐기는 하나님의 사람으로 가족에게 기억되는 것이었다. 그날 오후, 마르코는 행복이 선택의 문제라는 결론을 내렸다. 그리고 화학요법이 실패하고 치유의 기적이 나타나지 않아도 행복을 잃지 않겠노라고 결단했다.

며칠 후 부부는 병원에서 여덟 번째 결혼기념일을 맞았다. 그래도 마르코의 최소 조건은 변하지 않았다. 아내는 남편에게 용기를 전해 주고자 남편 몰래 웨딩드레스를 입고 병실에 들어가 결혼 서약을 새로 했다. 서약을 하면서 기쁨의 눈물을 흘리는 마르코의 모습을 담은 비디오테이프를 보고 나도 얼마나 울었는지 모른다.[10]

이들은 힘든 가운데서도 하나님 앞에서 한 약속을 신실하게 지켜가고자 했고, 하나님의 말씀을 따라 부부의 도를 다하려고 했습니다. 사람들이 포기하라고 말할 때에도 그들은 하나님께서 무엇이라고 말씀하셨는가 확인하고 그 말씀에 따라 결정했습니다. 이것이 바로 말씀에 순종하며 사는 자의 태도입니다.

저의 주변에는 이렇게 어려운 환경이지만 신실하게 하나님의 말씀에 순종하여 행복을 누리는 분들이 참 많습니다. 서울의대에 계신 박재형 장로님은 14년 전에 뇌종양으로 쓰러져 식물인간이 된 아내를 지금까지 극진히 간호하고 있습니다. 서울대 병원에 들렀을 때 장로님께서는 아내 집사님을 인사시켜 주신다며 안내했습니다. 의사표현을 한마디도 할 수 없이 누워 계신 아내 집사님의 팔과 다리를 주무르며 인사를 하고 이야기도 했습니다. 아내의 생일이면 두 자녀가 함께 병실에서 축하를 해주고 이야기를 나눕니다. 그러나 환자는 그 어떤 반응도 하지 않습니다.

언젠가 생명윤리에 대한 강연이 있었습니다. 그곳에 박 장로님의 동생인 샘 안양병원장 박상은 장로님이 발제자로 나왔습니다. 그때 참석자 중 한 분이 이런 질문을 했습니다.

"소생 가능성이 전혀 없는 분들을 계속해서 생명연장하는 것이 과연 옳은 일입니까? 그것이 가족에게 얼마나 큰 고통을 주고 있습니까? 그런 분들은 남은 가족을 위해서라도 다른 방법을 강구하는 것이 좋지 않습니까?"

질문자는 당연히 그렇게 하는 것이 남아 있는 가족을 위해 좋다는 답변을 받기 위한 의도로 질문했습니다. 그때 박 장로님은 생명의 존엄성과 그렇게 살아있는 것이 고통이 아니라, 오히려 축복이 될 수 있다는 것을 자신의 형의 이야기로 대신했습니다.

비록 누워 있어 아무런 의사소통을 할 수 없고 아내로서, 엄마로서 그 어떤 역할도 담당하지 못하지만 두 아이를 모두 결혼시킬 때 아내가 있는 것에 대해 감사하며 기뻐하는 형님의 모습을 보면서 그리스도인들이 어떻게 살아야 할지에 대한 답변이 될 것이라고 말씀하신 것이 아직도 생생하게 기억납니다.

박재형 장로님의 삶은 자신에게 주어진 어려운 환경을 어떻게 행복으로 승화시키는지를 보여주는 좋은 예라고 생각합니다. 그분은 아내 집사님의 투병을 계기로 김수지 박사님과 더불어 자신의 사재를 털어 호스피스 사역을 시작했습니다. 자신에게 주어진 연약함을 행복으로 승화시키고, 더 나아가 하나님의 선한 사역의 기회로 삼았습니다.

마르코 부부의 이야기와 박재형 장로님 부부의 모습은 그리스도의 사랑으로 사는 것이 무엇인지 잘 보여줍니다. 참 사랑은 하나님의 말씀에 기초한 사랑입니다. 사랑이 개인의 감정이나 느낌에 기초하면 하루에도 수없이 변하게 됩니다. 그러나 하나님의 말씀에 기초하여, 그 말씀에 근거하여 결정하면 절대 흔들리지 않습니다. "많은 물도 이 사랑을 끄지 못하겠고 홍수라도 삼키지 못하나니 사람이 그의 온 가산을 다 주고 사랑과 바꾸려 할지라도 오히려 멸시를 받으리라"(아 8:7)는 말씀이 딱 들어맞는 온전한 사랑이 가능하게 됩니다. 진정한 사랑은 어떤 상황이 오더라도 하나님께서 나에게 허락하신 이 언약을 신실하게 지켜가겠다는 약속을 이행하는 것입니다.

결혼식장에서 주례자는 "기쁠 때나 슬플 때나 건강할 때나 병든 때에도 성경이 말하는 그 사랑을 배우자에게 평생 가지기로 맹세합니까?" 하고 묻습니다. 그러면 신랑 신부는 큰 소리로 대답합니다. 그들은 하나님 앞에서 하는 이 언약의 기초 위에 가정을 세운다는 사실을 잘 모릅니다. 그래서 약속은 약속대로 하고 가정에 어려운 비바람이 몰아치면 그 약속을 모두 잊어버려 고통을 경험하게 됩니다.

저는 결혼식에 주례자로, 혹은 축하객으로 참여할 때마다 신랑 신부의 서약을 귀담아듣습니다. 그리고 늘 제 마음에 '저들은 지금 하는 맹세의 의미가 무엇인지 알고 있을까?' 생각해 봅니다.

그리고 모진 세월 속에서도 그 사랑의 언약이 굳게 세워지길 기도합니다.

트리나 폴러스(Trina Paulus)가 쓴 꽃들에게 희망을(시공주니어)이라는 책이 있습니다. 짧은 그림동화이지만 이 시대를 사는 어른들에게 시사하는 바가 아주 큽니다. 성공을 꿈꾸는 벌레는 행복을 찾아 사랑도 해보고, 다른 벌레들처럼 벌레를 밟고 더 높은 곳까지 올라가기도 합니다. 그리고 거기서 추락도 해봅니다. 그러나 별수 없다는 것을 깨닫게 됩니다. 절망 가운데 있을 때 예전에 함께 놀던 애벌레가 나비가 되어 주변에 날아옵니다. 그리고 그도 나비가 되기 위해 번데기의 과정을 거치고 드디어 호랑나비로 태어나게 됩니다.

벌레로서 가장 높은 곳에 올라가기 위해 발버둥치는 인생으로는 아무것도 할 수 없습니다. 번데기의 과정을 통해 다시 태어나고, 새롭게 변화될 때 비로소 꽃들에게 희망을 주게 됩니다. 꽃뿐만 아니라, 꼭대기까지 올라가는 것을 최고의 목표로 알고 살아가는 많은 다른 벌레들에게도 희망이 됩니다.

행복하려면 변해야 합니다. 성공에 대한 생각도 변해야 하고, 나의 인격도 변해야 합니다. 예수님 안에서 모든 것이 거듭나야 합니다. 하나님의 말씀에 전적으로 순종할 때 나 자신이 행복해질 뿐 아니라, 다른 사람들에게도 희망을 줄 수 있게 됩니다.

5 / Chapter

행복의 모델이신
예수님을 본받으라

십자가의 길, 고난의 길을 걸으셨지만
이 땅에서 예수님의 삶은 가장 행복한 삶이었습니다.
예수님처럼 살아가겠다고 결단했다면
이미 진정한 행복은 우리 마음속에서부터 시작되었습니다.
행복은 결코 편안한 것만을 의미하지 않습니다.
십자가의 길에 진정한 행복이 담겨 있습니다.
예수님의 진정한 제자가 될 때 세상이 줄 수도 없고,
알 수도 없는 행복이 깃들게 됩니다.

거룩한 행복

괴로웠던 사나이, 행복한 예수 그리스도

예전에는 부흥회에 가서 목사님들이 "사도 바울처럼 사십시오"라고 말하면 모두 "아멘" 하면서 축복으로 받아들였습니다. 그런데 요즘은 교회에서 바울처럼 살라고 하면 축복이 아니라 저주로 여긴다고 합니다. 물론 농담이겠지만 이 시대 성도들의 의식의 변화를 보여주는 부분인 것 같습니다. 사도 바울처럼 사는 것이 저주라고 말하는 분이 있어서 왜 그런지 그 이유를 물었습니다.

"바울은 결혼도 못했지, 재산도 없었지, 나이 들어서까지 계속 돌아다녔지, 감옥에도 갔지, 뭐 안정된 것 하나 없는 사람이었는데, 예수님 잘 믿은 것 빼곤 모두 안 좋잖아요. 요즘은 그렇게 살라고 말하면 저주라고 생각하죠."

그분은 요즘은 예수님도 잘 믿어야 하지만, 더불어 환경이 넉넉하고 풍족한 것이 축복이라는 설명도 덧붙였습니다.

예수님을 가장 많이 닮은 분 중 한 분인 바울처럼 사는 것이 저주로 여겨지는 관점으로 본다면 예수님의 삶도 행복하지 않을 것입니다. 모든 행복을 물질적인 풍요와 안정적인 기본욕구 충족에 둔다면 예수님이나 바울의 삶은 행복한 삶이 아니라 저주 그 자체일 것입니다. 그러나 이미 앞 장에서 우리는 진정한 행복이 무엇인지에 대해 생각해 보았습니다.

　물질적인 풍요와 안정적인 기본욕구를 누리는 것은 행복의 필요조건은 되지만 충분조건은 되지 않습니다. 사람은 그러한 것만으로 행복할 수 있는 존재가 아닙니다. 우리는 그보다 더 고차원적인 영적 존재이며, 하나님을 닮은 존재이며, 우리에게는 영원한 천국이 있습니다.

　윤동주 님의 시 중에 "십자가"라는 시가 있습니다.

> 쫓아오던 햇빛인데 / 지금 교회당 꼭대기 / 십자가에 걸리었습니다. / 첨탑이 저렇게도 높은데 / 어떻게 올라갈 수 있을까요. / 종소리도 들려오지 않는데 / 휘파람이나 불며 서성이다가, / 괴로웠던 사나이, / 행복한 예수 그리스도에게처럼 / 십자가가 허락된다면 / 모가지를 드리우고 / 꽃처럼 피어나는 피를 / 어두워 가는 하늘 밑에 / 조용히 흘리겠습니다.

　읽으면 읽을수록 가슴이 뜨거워지는 시입니다. 윤동주 시인은 예수님은 괴로웠지만 행복한 분이시라고 노래하고 있습니다. 그리고 예수님과 같은 길이 허락된다면 자신도 그 길을 가겠다고 선언합니다. 차원이 다른, 진정한 행복의 길이 십자가에 있습니다.

　예수님은 행복했던 분이십니다. 이 세상에서 가장 행복한 분은 예수님이십니다. 물론 그분의 인생이 편안하지는 않았습니다. 인생을 마무리하는 그 순간이 십자가였고, 예수님을 알지 못하는 많은 사람들의 조롱 소리가 들려왔지만 예수님은 자신의 사역에 대해 "다 이루었다"고 선포하셨습니다. 창세 이래 이 땅에 살다 간 많은 사람들 중 자신이 온 이유를 알고, 그 이유대로 살아갔고, 그 일을 다 이루고 간 사람은 예수님 외에 아무도 없습니다.

우리가 예수님처럼 살 수만 있다면, 우리가 어렵다고 느끼는 그 모든 것이 우리의 행복을 침해하거나 방해하지 못한다는 점을 알게 될 것입니다. 예수님처럼 행복해지는 방법은 예수님을 닮아가는 그리스도의 제자로서의 삶을 충실하게 살아가는 것입니다.

이 글을 쓰는 동안 머릿속에서 떠나지 않는 한 사람이 있습니다. 예전 교회에서 전도에 대한 교육을 할 때 함께 계셨던 집사님입니다. 그분은 그 교회의 중직자였습니다. 전도지를 가지고 서로 연습하는데 "예수님은 당신에게 놀라운 행복을 계획하셨습니다. 예수님을 믿으면 행복합니다"라는 내용이 나왔습니다. 그러자 그 집사님이 갑자기 그렇게 연습하는 다른 성도님에게 "당신은 정말 행복합니까?"라고 계속해서 물었습니다. 그 모습을 지켜보면서 저분이 교회에는 다니지만 예수님을 제대로 만나지 못했고, 예수님을 깊이 영접하지 못했다는 생각을 갖게 되었습니다. 자신 속에 확신이 없기 때문에 "너는 정말 그러냐?"는 것을 계속 확인하고 싶어 했던 것입니다. 그때 그분을 보면서 언젠가는 예수님을 알지 못하는 분들과 교회 안에 있지만 예수님 안에서 누리는 진정한 행복을 모르는 성도님들을 위해 글을 써야겠다고 결심하게 되었습니다.

예수님은 참 하나님이십니다. 영원 전부터 말씀으로 계신 하나님이십니다. 그리고 사람들에게 죄로 인해 파괴된 행복과 영원한 생명을 되돌려 주시기 위해 이 땅에 오셔서 사람들이 받아야 할 죄의 저주를 모두 대신 받으셨습니다. 그리고 우리를 대신해서 희생하셨다는 것에 대한 믿음을 보고, 그 믿음을 의로 여기셔서 죄에 대한 용서와 영원한 생명을 허락해 주십니다.

예수님은 모든 면에서 완벽한 분이십니다. 온전한 하나님이신 동시에 온전한 사람이십니다. 그리고 죄가 없는 분이십니다. 예수님은 우리가 본받고 따라가야 할 최고의 모델이며, 스승이며, 구원자이며, 삶의 주인이십니다. 예수님을 본받아 살 때 우리는 이전에 경험하지 못했던 최고의 행복한 삶을 누리게 됩니다. 그분은 짧은 인생이 속히 지나가고 인생의 마지막 순간에 설 때 우리를 영원한 천국으로 인도해 주십니다. 이 땅에서 누리는 행복과는 비교할 수 없는 행복을 예비해 두셨습니다. 그래서 예수님을 믿어야 합니다. 교회 안에 있으면서도 예수님께서 주신 행복을 누리지 못한다면 제대로 믿어야 합니다.

인생의 해답은 예수님 안에서만 해결될 수 있습니다. 진정한 행복은 예수님 안에 있고, 예수님만이 행복의 주체이십니다. 그렇다면 어떤 점에서 예수님이 행복하신지, 우리가 닮아야 할 부분들을 중심으로 살펴보도록 하겠습니다.

예수님의 거룩한 성품을 본받으라

행복에 가장 직접적인 영향을 미치는 것은 바로 성품입니다. 우리가 하나님의 거룩한 성품을 더 많이 소유할수록 행복의 폭은 더 커지고 더 넓어지게 됩니다.

하나님께서는 사람을 하나님의 형상대로 지으셨습니다. 어떤 이단에서는 하나님의 형상대로 지음받았는데 남자와 여자로 창조하셨다는 말씀을 가지고 하나님도 남성과 여성이 있으며, 하나님 어머니가 있다고 가르칩니다. 하지만 하나님은 영(靈)이십니다. 영은 성별이 없습니다. 예수님께서는 우리가 천국에 가게 되었을 때는 시집가는 일도 없고 장가가는 일도 없으며 모두 천사와 같을 것이라고 하셨습니다.

우리가 하나님을 닮았다는 것은 지(知)·정(情)·의(意)의 전인격이 하나님을 닮았다는 것이지 육체와 성별이 하나님을 닮았다는 말이 아닙니다. 하나님께서는 하나님의 거룩한 성품을 닮은 사람을 창조하셨습니다. 우리의 인격이 온전히 하나님을 닮았을 때는 서로를 존중하며 사랑하며 도우며 살았습니다.

그러나 죄가 들어오자 하나님의 형상을 상실하게 되었습니다. 부분적으로 하나님을 찾을 수 있는 인격의 모습이 남아 있긴 하지만, 많은 부분이 상실되고 왜곡되었습니다. 타락한 인격은 서로에게 상처를 주고 상처를 남기게 되었습니다. 남을 위하기보다는 자신의 욕심을 채우기에 바빠졌고, 조금의 상처를 받으면 다른 사람에게 더 큰 상처를 입혀야 마음이 편해지는 악한 성품으로 바뀌어 갔습니다. 이런 관계의 반복은 끊임없이 상처를 주고 상처를 받으면서 고통으로 사람들을 몰아갔습니다.

예수님은 참 하나님이시면서 참 사람이셨습니다. 하나님의 성품을 온전히 가지신 예수님은 상처를 주지도 않으셨고 상처를 받지도 않으셨습니다. 물질적인 손해나 다른 사람의 모함, 또는 억울함에 대해서 전혀 흔들리지 않는 마음의 평안함을 가지고 계셨습니다.

성경을 잘 알지 못할 때 예수님의 마음에는 얼마나 많은 상처가 있었을까 생각해 본 적이 있습니다. 예수님은 배신도 당하셨고, 모욕과 조롱, 그리고 폭력도 당하셨습니다. 이 모든 일을 우리가 당하면 마음속이 견딜 수 없는 분노로 가득 찰 것입니다. 그래서 예수님을 잘 알지 못할 때는 예수님의 마음에도 이런 보복에 대한 분노가 가득하고, 예수님은 애써 이것을 참았을 것이라고 생각했습니다. 그러나 그렇지 않습니다. 하나님의 온전한 성품은 보복에 대한 억울함이나, 분노로 인한 상처를 갖지 않습니다. 오히려 그들을 불쌍히 여기는 긍휼의 마음을 가지십니다.

예수님은 자신을 이렇게 소개하셨습니다.

"수고하고 무거운 짐 진 자들아 다 내게로 오라 내가 너희를 쉬게 하리라 나는 마음이 온유하고 겸손하니 나의 멍에를 메고 내게 배우라 그리하면 너희 마음이 쉼을 얻으리니 이는 내 멍에는 쉽고 내 짐은 가벼움이라"(마 11:28-30).

겸손과 온유함은 예수님의 성품을 대표합니다. 예수님은 하나님의 아들이셨지만 사람이 되셨고, 그것도 부족해서 온갖 고난을 받으시고 십자가에서 죽으셨습니다. 더 이상 낮아질 수 없는 부끄럽고 고통스러운 저주의 십자가에서 죽으시기까지 자신을 낮추셨습니다. 온전하지 못한 인격을 가진 우리는 아무리 낮아지려고 노력해도 순간 저항을 받을 때마다 마음에 억울한 생각이 들어 그렇게 못할 것입니다. 죄로 오염된 인격은 겸손하기가 참 힘듭니다.

또한 예수님은 온유하신 분이십니다. 온유라는 단어는 '절제된 힘'을 말합니다. '힘은 있으나 그 힘을 보복에 사용하지 않는 성품'을 말합니다. 나보다 더 힘센 사람이 나를 괴롭히는데 그냥 참는 것은 온유한 것이 아닙니다. 진정 온유한 것은 나보다 힘이 약하고, 내가 공격하면 더 큰 보복을 가할 수 있는 사람이 내게 공격해 왔을 때 그에게 보복하지 않는 마음을 말합니다.

예전에 살던 아파트에 누군가 강아지를 키웠습니다. 그런데 그 강아지는 엘리베이터 안에 항상 오줌을 누었습니다. 그래서 출퇴

근할 때 강아지 때문에 굉장한 고통을 느끼곤 했습니다. 저녁에는 지린내를 맡으며 올라가야 했고, 아침에 나올 때는 강한 화학제인 락스 냄새를 맡으면서 내려와야 했습니다. 그 강아지가 없어졌으면 좋겠다는 생각이 들었습니다. 그런데 저와 같은 생각을 가진 사람이 또 있었나 봅니다. 어느 날 엘리베이터 안에 "개 죽이자"라고 커다랗게 쓴 종이가 붙어 있었습니다.

그 문구를 보는 순간 머릿속에 참 많은 생각이 들기 시작했습니다. 어떻게 하면 개를 죽일 수 있을까에 대한 방법들이었습니다. 지금 생각하면 말도 안 되는 생각들인데, 그 당시 제 머릿속에는 강아지 주인에 대한 보복으로 가득 차 있었습니다. 제게 준 불편에 대해서 어떻게든 되갚으려는 악한 마음이 본능적으로 일어나는 것을 보았습니다.

우리는 살아가면서 늘 나의 마음에 있는 분노를 폭발하며 보복할 대상을 찾고 있는 것 같습니다. 만일, 어떤 불량한 아이가 우리 아이를 공격해서 팔에 골절상을 입혔다고 가정해 봅시다. 부모인 우리는 당장 달려가서 상해를 입힌 아이의 팔에 똑같이 상처를 입히는 것은 물론 심한 경우 더 많은 상해를 입히고 싶은 마음이 듭니다. 물론 진짜 그렇게까지 하진 않겠지만 마음으로는 그보다 더 큰 분노를 느끼며 공격하려고 합니다. 온유하다는 것은 나보다 힘이 없는 사람이 나에게 해를 끼칠 때조차 보복하지 않는 온전한 인격을 말합니다. 이것이 예수님의 대표적인 성품입니다.

성전의 주인이신 예수님께서 성전을 깨끗하게 하실 때 종교지도자들은 무슨 권세로 이렇게 하느냐며 예수님께 항의했습니다. 또한 십자가에 달리셨을 때 "네가 하나님의 아들이면 십자가에서 내려와 보라"고 조롱했습니다. 어떤 목사님은 자신이 만약 예수님이었다면 화가 나서 십자가에서 내려와 십자가를 뽑아 모두 머리를 한 대씩 때리고 "내려왔다, 어쩔래?"라고 한마디 하고 다시 십자가에 올라가겠다는 말을 했습니다. 그만큼 조롱은 견디기 힘듭니다. 그러나 예수님은 물끄러미 그들을 바라보셨습니다. 온유하신 예수님은 그들에게 벌을 주거나 보복하지 않으시고, 오히려 "아버지, 저들의 죄를 용서하여 주옵소서. 저들은 저들이 하는 일을 알지 못합니다"라고 핍박자들을 위해 진심으로 기도하셨습니다.

예수님을 잘 알지 못했을 때 '예수님은 과연 믿을 수 있는 분이신가?' 생각해 본 적이 있습니다. 그리고 그분은 정말 믿을 수 있는 분이라는 사실을 성경 여러 곳에서 발견하게 되었습니다. 특히 성경에 나타난 예수님의 언행일치되는 삶의 모습은 예수님이 믿고 따를 수 있는 분임을 알게 하는 계기가 되었습니다. 원수를 사랑하라고 말씀하신 주님은 십자가에서 자신을 못 박고 욕하며 조롱하는 자들을 위해 기도하셨습니다. 원수를 사랑하라는 말은 누구나 할 수 있습니다. 그러나 그러한 사랑을 보일 수 있는 인격은 아무나 가질 수 없습니다. 참 하나님이신 예수님의 온전한 인격은 모든 것을 초월하는 사랑 그 자체입니다.

행복은 우리가 무엇을 얼마나 얻고 누리는가와 연관된 것이 아니라, 그것들을 어떻게 다스리고 처리할 수 있는가 하는 우리의 성품과 깊은 관계가 있습니다. 따라서 예수님의 성품을 닮아가고 예수님의 성품을 소유하는 것, 주님의 거룩함을 소유하는 것 자체가 곧 우리의 행복이 됩니다. 예수님의 성품 한 가지를 더 살펴보겠습니다.

우리가 꼭 다스려야 할 성품 중 하나가 분노의 감정입니다. 분노는 모든 것을 파괴하고 죽일 수 있는 강력한 힘을 가지고 있습니다. 우리 모두에게는 힘이 있습니다. 하지만 슬프게도 남을 잘되게 하고 그들을 살릴 수 있는 힘은 크지 않고, 남을 죽이거나 못되게 할 수 있는 힘은 아주 강합니다.

남을 못되게 할 수 있는 가장 큰 힘의 원동력이 바로 분노입니다. 분노는 죄가 우리의 성품을 타락시킨 이후 나타난 인간의 두드러진 특성이기도 합니다. 분노라는 감정은 내가 부당하게 평가받고 있다고 느낄 때 나타나는 감정입니다. 다시 말하면 나는 존중받아야 하는데 나를 존중해 주지 않고, 나는 인정받아야 하는데 나를 인정해 주지 않을 때 나타나는 감정입니다. 분노를 소유하면 모든 것을 파괴해 버립니다.

한 권력기관에 있던 사람이 다른 이를 협박할 때 이런 말을 자주 했다고 합니다.

"나는 당신의 인생에 꽃가루를 뿌려줄 수는 없지만, 고춧가루는 확실하게 뿌릴 수 있습니다."

이런 마음을 가진 사람은 비단 그 사람뿐이 아닙니다. 예수님을 알지 못하는 많은 이들의 마음이 이렇습니다. 자신을 알아주지 않는 사람을 향해 자신의 힘을 분노로 폭발시키려고 합니다.

분노는 어릴 때 사랑받지 못하고, 척박한 환경에서 자란 사람들의 마음에 더 많이 존재합니다. 우리는 모두 존중받고 사랑받으며 살도록 하나님께서 만들어 주셨는데, 가장 많은 사랑과 보호와 존중이 필요한 그 시기에 방임되고 버려지거나 학대를 받게 되면, 부당하게 대우받았다는 분노의 감정이 늘 마음에서 떠나지 않게 되는 것입니다. 그리고 기회가 되면 그 분노를 표출합니다. 그래서 가장 가까운 가족이 분노의 희생자가 되기도 합니다. 우리가 분노를 다스릴 수 있다면 관계 속에서 더 많은 행복을 누리게 될 것입니다.

예수님은 겸손하고 온유한 분이셨습니다. 자신을 향해 부당한 공격을 해오는 자들에게 분노하지 않으셨습니다. 보복하려고 하지 않으셨습니다. 이것이 가능한 것은 예수님의 온전한 성품 때문입니다. 십자가에서 죽기까지 자신을 낮추시고 온전히 복종하시는 예수님의 겸손이 예수님을 향해 대적하는 모든 사람들을 향한 분노를 없앤 것입니다. 예수님을 닮아가고 예수님을 영접하여 영생을 소유하게 되면 넉넉한 마음이 생기게 됩니다. 성령님께서 그렇게 해주십니다. 미국을 가기 위해 비행기를 타러 가는 사람은 공항까지 가는 버스가 복잡하다고 불평하지 않습니다. 그러나 매일매일 출근해야 하는 사람은 복잡한 버스가 짜증 나고 힘이 듭니다. 우리가 품어야 할 예수님의 마음, 우리가 궁극적으로 가야 할 영원한 천국을 소유하게 되면, 이 땅에서 아옹다옹하는 작은 것들에 초연할 수 있는 능력이 생기게 됩니다.

"내가 거룩하니 너희도 거룩할지어다"(벧전 1:16).

예수님은 우리에게도 거룩한 삶을 살도록 하셨습니다. 구원받은 백성이 예수님의 성품을 닮는 것을 성화, 거룩하게 되어감, 온전함에 이름, 혹은 성숙이라고 말하는데, 이 모두는 예수님을 닮은 모습입니다.

성숙은 균형 잡힌 것을 의미합니다. 어느 한쪽으로 편중되지 않고, 모가 나지 않으며, 균형 잡혀 있는 모습을 말합니다. 성숙한 인격은 관계나 환경이 주는 악영향에 크게 요동하지 않고 내면의 평정심을 잃지 않습니다. 예수님을 믿고 구원받은 우리의 인격은 성령님의 도우심으로 예수님을 닮아 거룩하게 됩니다. 비록 이 땅에서 완전해지지는 않을지 몰라도 과거에 비해서는 놀랄 정도로 많은 인격적인 변화를 경험하게 됩니다. 그래서 예전에 생겼던 작은 상처들로 인한 고통이 사라지고, 웬만한 공격에도 동요하지 않는 인격을 소유하게 됩니다. 예수님을 닮은 만큼 행복의 여유도

커지고, 상처에 대한 내공도 더 커지게 됩니다.

　세상 사람들이 추구하는 행복의 대부분은 육체적인 쾌락과 욕구에 기초합니다. 그러나 그리스도인의 행복은 예수님의 성품에 기초한 거룩한 행복이 되어야 합니다. 이 행복은 세상이 줄 수도 없고, 세상이 알 수도 없는 행복입니다. 환경이나 관계의 변화 등 그 어떤 것으로부터도 영향을 받지 않으며, 부정적인 공격과 영향에 대해 오히려 선한 영향력으로 대응하는 넉넉함을 갖게 됩니다. 이 모든 것은 구원받은 백성이 예수님의 거룩한 성품을 더 깊이 소유할 때 일어나게 됩니다.

목적을 발견하라

　새들백교회의 릭 워렌(Rick Warren) 목사님은 목적이 이끄는 삶이라는 책으로 세계적인 열풍을 일으킨 적이 있습니다. 이 책의 핵심은 사람들 누구에게나 목적이 있으며, 하나님께서 우리에게 주신 삶의 목적을 발견하고 그 목적을 따라 사는 것이 행복하다는 것입니다. 그리고 하나님께서 우리에게 주신 인생의 목적들이 무엇인지 설명하고 있습니다. 우리는 하나님의 기쁨을 위해 창조되었으며, 하나님의 가족으로서의 목적이 있으며, 그리스도를 닮아가도록 창조되었으며, 하나님을 섬기기 위해, 사명을 위해 창조되었다고 언급하며 그리스도인으로서 행복하며 역동적으로 살아갈 수 있는 방법을 구체적으로 설명하고 있습니다.

목적이 명확하면 행복을 느낍니다. 특히, 하나님께서 각자에게 주신 삶의 목적과 소명을 발견하고 그것을 향해 살아갈 때 행복을 누리게 됩니다. 우리가 분명한 목적을 가지고 그 목적으로 살아갈 때 행복을 느낄 수 있는 것은 하나님께서 처음 사람을 만드실 때 분명한 목적을 두고 만드셨기 때문입니다.

하나님께서는 하나님께 찬양하며, 예배하며 하나님과 깊은 사귐을 나누기 위해 우리를 창조하셨습니다. 그리고 각자에게는 은사와 재능, 그리고 문화적인 사명을 주셔서 이 땅에서 살아가는 동안 하나님께 영광 돌리며 하나님과 함께하도록 만드셨습니다. 하지만 죄로 인해 하나님이 원하시는 목적을 상실하게 되면서 사람들은 하나님이 원하시는 방향으로 잘 나아가지 못한 채 저마다의 목적을 찾아 방황하기 시작했습니다.

예수님 안에서 인생을 다시금 발견할 때 삶의 깊은 행복을 누리게 됩니다. 설령, 예수님을 알지 못해 그 인생의 목적이 자신을 위한 것이라 할지라도 목적이 없는 사람보다 목적을 소유한 사람이 더 큰 행복을 누리게 됩니다. 그러나 예수님 없이 달성한 목적은 그 이후에 더 큰 절망감을 가져다줄 수 있습니다. 왜냐하면 우리는 늙고, 죽어갈 수밖에 없는, 죽음 앞에 놓인 운명이며, 언젠가는 심판을 받아야 할 운명이기 때문입니다.

예수님께서도 이 땅에 오실 때 분명한 목적을 가지고 오셨습니다. 예수님께서 이 땅에 오신 목적을 그분의 말씀을 통해 몇 가지만 살펴보겠습니다. 예수님의 목적을 살펴보는 것이 중요한 이유는 예수님을 닮아가고자 하는 우리의 삶에 방향을 제시해 주며, 시사하는 바가 크기 때문입니다.

예수님께서 오신 첫 번째 이유는 죄인들을 구원하시기 위함입니다. 죄로 인해 고통 속에 있는 자들이야말로 예수님의 구원이 절박하게 필요한 자들입니다. 이들을 위해 예수님은 오셨습니다.

> "내가 의인을 부르러 온 것이 아니요 죄인을 불러 회개시키러 왔노라"(눅 5:32).

예수님은 죄인을 구원하시기 위해 이 땅에 오셨습니다. 죄인들은 예수님의 긍휼의 대상이며, 구원해야 할 사역의 대상입니다.

그렇다면 구원받아야 할 죄인은 누구일까요? 죄인은 죄를 지은 사람입니다. 이 세상 모든 사람이 포함되어 있습니다. 그러나 구체적으로 예수님께서 죄인이라고 말씀하신 대상은 자신이 죄인인 줄 모르고 위선을 떠는 교만한 자들이 아니라, 자신이 죄인인 줄 알지만 자신을 스스로 구원할 능력과 힘이 없는 사람들을 말합니다.

세상의 모든 고통은 죄로부터 시작되었습니다. 예수님은 죄로 인해 고통받고 상처받는 영혼들을 치료하고, 고치고, 구원하기 위해 오셨습니다. 따라서 우리도 죄로 인해 고통받는 자들의 친구가 되어야 하며, 그들을 그리스도께로 인도해야 할 사명을 가진 것입니다.

두 번째, 예수님은 섬기기 위해 오셨습니다.

> "인자가 온 것은 섬김을 받으려 함이 아니라 도리어 섬기려 하고 자기 목숨을 많은 사람의 대속물로 주려 함이니라"(막 10:45).

예수님이 행하신 모든 사역은 섬김으로 정의할 수 있습니다. 예수님께서는 섬김을 받으셔야 할 분이었지만 섬기셨습니다. 제자들의 발을 친히 씻겨 주심으로써 섬김의 본을 보여주기도 하셨습니다. 그리고 십자가에서 죽으심으로 진정한 섬김의 모습을 보여주셨습니다. 우리 또한 예수님처럼 섬김으로 살아가야 하는데 잘 섬기기 위해서는 세 가지를 이해해야 합니다.

먼저, 섬김은 겸손을 기초로 합니다. 남보다 더 낮아질 수 없으면 절대 섬길 수 없습니다. "그는 흥해야 하겠고, 나는 쇠하여야 하리라"는 마음가짐이 없으면 섬길 수 없습니다. 빌립보서 2장 5절은 "너희 안에 이 마음을 품으라 곧 그리스도 예수의 마음이니"라고 말씀합니다. 예수님처럼 낮아지는 마음, 겸손한 마음을 가지라고 했습니다. 겸손은 섬김의 기초가 됩니다. 낮아지면 낮아질수록 섬김의 영역과 섬김의 폭은 커지게 됩니다.

또한, 자신이 잘하는 것으로 섬길 수 있습니다. 남을 돕기 위해 빚을 낸다거나 다른 사람에게 돈을 빌리는 것은 어리석은 행동입니다. 우리는 누군가를 돕고 섬기기 전에 내게 있는 것이 무엇인지를 알아야 하고, 그것으로 도와야 합니다. 그러므로 진정한 섬김의 사람이 되기 위해서는 자신의 은사, 재능, 능력, 시간에 대한 정확한 자기이해가 있어야 합니다. 남을 잘 돕고 잘 섬기기 위해서는 나 자신을 더욱더 잘 이해해야 합니다. 내게 있는 것으로 도울 때 기쁨이 넘치고 행복과 보람을 느끼게 됩니다.

마지막으로, 섬김은 상대방이 원하는 방식으로 섬기는 것입니다. 아이와 놀아 준다면서 아이의 눈높이에 맞추지 못한다면 그것은 섬기는 것이 아닙니다. 어른의 방식으로 놀이를 유도한다면 그것은 잘못된 방식의 섬김입니다.

공동체에서 섬긴다고 하는데 나중에는 언성이 높아지는 경우를 보곤 합니다. 대부분 그런 경우는 섬김을 자신의 방식으로 고정해 놓기 때문입니다. 가끔 남을 섬긴다고 말하면서도 화를 내는 제 모습을 보면서 왜 그런가를 생각해 봅니다. 그럴 때는 어김없이 섬김의 대상인 상대방을 배려하지 않고 내 방식으로 섬김을 고집했기 때문에 갈등이 생긴 것이었습니다. 상대가 원하는 방식으로 섬겨야 한다는 것을 마음에 새겨야 합니다.

예수님이 이 땅에 오신 목적 세 번째는 생명을 주시고, 그 생명을 풍성하게 하시기 위함이었습니다.

"도둑이 오는 것은 도둑질하고 죽이고 멸망시키려는 것뿐이요 내가 온 것은 양으로 생명을 얻게 하고 더 풍성히 얻게 하려는 것이라"(요 10:10).

예수님께서 이 땅에 오신 것은 양으로 생명을 얻게 하시기 위함입니다. 그리고 그 생명을 더욱더 풍성히 누리게 하시기 위함입니다. 우리가 영원한 생명을 소유한 것은 저녁 늦게까지 놀다 돌아갈 따뜻한 가정이 있는 것과 같습니다. 온종일 같이 놀았는데 어둠이 밀려올 때 돌아갈 곳이 없는 아이는 얼마나 불안하고 불쌍합니까? 그러나 따뜻한 목욕물과 저녁밥을 준비해 놓은 엄마가 기다리는 가정이 있는 아이는 행복합니다. 영생의 문제는 죽은 후의 문제이기도 하지만, 지금 이 시대를 사는 우리의 행복과 삶의 태도를 결정해 줍니다.

예수님께서 영원한 생명을 주시는 것은 천국에서 영원한 생명을 누리는 것뿐 아니라, 이 땅에서도 당당하고 행복하게 살게 하시기 위함입니다. 생명이 있다고 다 같은 생명은 아닙니다. 병원에 있는 생명이 있는가 하면, 떨어지는 폭포를 거슬러 올라가는 역동적인 물고기 같은 생명력도 있습니다. 예수님은 우리가 잘되고, 역동적이고 행복하게 살게 해주시기 위해 오셨습니다. 이미 많은 행복 연구가들이 다른 사람을 돕고 다른 사람을 행복하게 해줄 때 행복을 더 많이 느낀다는 사실을 증명했습니다. 예수님을 소개해서 그들에게 생명을 주고, 그 생명을 더욱더 풍성하게 해주는 삶

자체가 바로 행복입니다.

마지막으로 살펴볼 것은 예수님의 모든 생애의 사명은 복음전도였다는 점입니다. 예수님은 복음을 전파하며 전도하기 위해 이 땅에 오셨습니다.

> "우리가 다른 가까운 마을들로 가자 거기서도 전도하리니 내가 이를 위하여 왔노라"(막 1:38).

예수님께서는 복음을 전하기 위해 이 땅에 오셨습니다. 그리고 친히 오늘은 이곳, 내일은 저곳을 다니시면서 복음을 전하셨습니다. 구원사역을 십자가에서 이루시고 천국에 올라가실 때에는 "땅 끝까지 이르러 내 증인이 되라"는 말씀으로 복음전도자의 사명을 감당할 것을 우리에게 당부하셨습니다. 예수님의 사역은 복음을 전하는 것이며, 영혼을 살리는 것이며, 그들을 구원하는 것입니다. 이것은 우리에게도 예수님을 알지 못하는 이들로 하여금 예수님을 통해 영원한 생명을 누리게 해야 하는 사명이 있음을 말합니다.

예수님께서 이 땅에 오신 이유를 바르게 알면 우리들이 어떻게 살아야 하는지에 대한 방향을 잡을 수 있습니다. 예수님의 삶을 통해 무엇을 하고, 어떻게 사는 것이 바른 인생의 목표를 가지고 사는 삶인지를 배울 수 있습니다. 다른 사람을 섬기고 도와 그들이 더 잘되고 행복하도록 해주어야 합니다. 예수님을 소개하고 복음을 전해 구원받게 하는 것으로부터 시작해 그 사람이 영적, 정신적, 육체적으로 건강하게 살도록 돕는 삶을 말합니다. 예수님께서 말씀하신 행복의 경지에 도달하게 되면 타인을 위해 나의 행복을 기꺼이 포기함으로 누리는 행복이 무엇인지를 깨닫게 될 것입니다.

명확한 우선순위를 정하라

조이선교회라는 선교단체가 있는데, 기쁨을 뜻하는 'JOY' 라는 글자는 'Jesus first, Others second, You third' 의 약자입니다. '가장 먼저 예수님, 그리고 다른 사람, 마지막으로 나 자신' 이라는 사역의 분명한 우선순위를 뜻하고 있습니다. 이 우선순위는 이 단체뿐 아니라, 그리스도인 전체가 가져야 할 우선순위입니다.

성경은 삶의 분명한 우선순위 두 가지를 설명하고 있습니다. 하나는 하나님을 기쁘시게 하는 것이며, 또 하나는 이웃을 사랑으로 섬기는 것입니다. 예수님은 이 두 가지가 성경 전체를 요약한 것이라고 말씀하셨습니다. 그렇다면 나의 행복은 어디 있습니까? 나의 행복은 이 둘 사이에서 자연스럽게 해결됩니다. 하나님을 바르게 섬김으로 나 자신이 행복하게 되며, 내가 받은 그 사랑을 이웃에게 나눔으로 나의 사랑과 행복은 더욱더 커지게 됩니다.

솔로몬도 전도서에서 인생의 미래를 알지 못하는 우리가 해야 할 두 가지를 말했는데, 하나는 청년의 때에 더 늦기 전에 나의 행위를 심판하실 하나님을 기억하며 하나님의 말씀대로 살아야 할 것과 나의 물질과 시간을 다른 사람을 위해 구제하고 나누는 데 사용하라고 했습니다. 이 두 가지가 불확실한 미래에 대한 가장 확실한 투자라고 하였습니다.

사람들은 누구나 우선순위를 가지고 있습니다. 그리스도인들은 예수님의 삶을 통해 얻은 교훈이 우선순위가 되어야 합니다. 목적이 분명하고 목적의식이 있으면 우선순위도 분명해집니다. 예수님의 거룩한 성품을 소유하는 자는 예수님처럼 살게 됩니다. 하나님 중심으로 하나님께서 내게 원하시는 뜻이 무엇인지를 날마다 분별하고자 힘쓰게 됩니다. 그리고 나 외의 가족과 이웃들의 필요와 아픔을 돌아보는 데 힘씁니다.

이 두 가지를 열심히 행하는 동안 내 속에는 하늘로부터 내려오는 큰 평안과 기쁨이 충만하게 됩니다. 이것은 세상적인 이치와 맞지 않습니다. 더 가지는 것도 아니고, 더 높은 직위를 누리는 것도 아닙니다. 이런 것들은 우선순위에도 들지 못합니다. 오직 하나님께 영광, 이웃의 행복이 가장 중요한 우선순위입니다. 예수님께서 그렇게 사셨고, 많은 믿음의 선조들이 그런 삶을 살았습니다. 그들은 세상이 도저히 이해할 수 없는 하나님의 행복으로 충만했습니다.

우리 주변에는 좋은 환경을 모두 내려놓고 가난한 나라로 떠나는 선교사님들이 많습니다. 그들은 우리보다 높은 차원의 행복을 이해하고 있습니다. 예수님으로 인해 자신이 행복을 누리고, 그 행복을 이웃과 나누기 위해 가난한 나라로 떠납니다. 그곳에서의 삶은 조금 더 힘들어지지만, 그들의 내면은 세상이 줄 수 없는, 오직 하나님께서 주시는 행복과 기쁨으로 충만하게 채워집니다.

차원 높은 행복을 위해 모두 선교사가 되라는 말은 아닙니다. 그러나 다른 사람의 행복과 유익을 위해 사는 삶의 태도를 견지해야 합니다. 나의 직장과 부르심의 터전에서 하나님의 영광을 나타내기 위해 열심히 살고, 나의 도움이 필요한 사람들을 위해 힘써 일하고, 특별히 그들의 영혼이 잘되기를 바라는 마음으로 예수님을 힘써 전하고, 예수님을 알되 힘이 없는 자들을 견고하게 세워가는 일을 해야 합니다. 한 걸음만 더 앞으로 나아가게 되면, 나의 행복을 위해 사는 것도 귀하고 좋지만 다른 사람들의 유익을 위해 살고, 그들을 섬길 때 하나님께서 주시는 행복과 기쁨이 얼마나 크고 좋은지 알게 될 것입니다.

이 땅에 사는 것은 잠시입니다. 잠시 머무는 곳이며, 우리를 위해 예비된 행복한 천국을 주님께서 준비해 두셨습니다. 잠시 머무는 세상이지만 우리는 예수님으로 인해 자신이 행복해지는 것을 경험하며, 타인과 하나님의 영광을 위해 행복한 삶을 살며 누릴 수도 있게 됩니다. 살 수 있다면 예수님처럼 사는 것이 가장 행복한 삶이 됩니다. 우리는 이 땅에서 상을 받고 누리기를 너무 원해서는 안 됩니다. 오직 하나님으로부터 오는 상을 사모하며 그 상을 바라보아야 합니다.

날마다 더하시는 은혜를 입어라

사회생활을 하다 보면 능력이 뛰어나 일을 잘하지만 윗사람과 동료에게 인정받지 못하고 심지어 오해를 사는 사람을 보곤 합니다. 반대로 어떤 사람은 능력이 조금 떨어지는 듯하지만 다른 사람들이 그 사람을 사랑하며 귀하게 여겨 줍니다. 아무리 탁월한 능력을 가졌다 할지라도 사람들로부터 은혜를 입지 못하면 그 능력이 크게 발휘되지 못합니다. 오히려 능력이 좀 모자라도 하나님과 사람들에게 사랑받는 것이 더 중요합니다.

이 세상을 가장 잘 살아가는 방법은 자신의 능력보다도 하나님으로부터 오는 은혜를 날마다 입는 것입니다. 그 모든 행복을 결정하는 은혜와 사랑의 원천은 하나님입니다. 하나님께 사랑받지 못하고, 하나님의 사랑을 경험하지 못하면 사람들에게 사랑받을 리도 만무하지만 설령 잠시 사랑받는다 하더라도 그리 큰 삶의 의미로 다가오지 못할 것입니다. 회사에서는 회장님의 은혜가 중요하고, 나라에서는 권세자로부터 오는 은혜가 중요합니다. 이처럼 이 세상의 모든 것을 다스리고 주관하시는 하나님의 은혜를 누리며 사는 자가 가장 행복한 사람입니다. 이 세상에서 가장 잘 사는 방법은 하나님의 은혜를 가장 많이 받고 사는 것입니다.

은혜라는 말은 '대가를 바라지 않고 거저 줌으로 그 사람의 마음에 기쁨을 가득하게 해주는 것'을 뜻합니다. 우리는 우리의 능력으로 할 수 없는 일들을 너무 많이 만납니다. 사도 바울의 "내가 나 된 것은 하나님의 은혜로 된 것이니"(고전 15:10)라는 고백은 모든 그리스도인들의 동일한 고백입니다. 모든 것이 하나님의 은혜입니다. 심지어 내가 노력하고 몸부림친 것조차도 하나님의 은혜 속에서 승화된 것을 알게 됩니다.

나의 연약함과 상처와 아픔과 열등감이 하나님의 용광로에서 승화되어 아름답게 변화되고, 오히려 다른 사람을 돕고 세울 수 있는 사역의 영역까지 자랄 수 있는 것도 다 하나님의 은혜입니다. 이 땅에 살면서 우리에게 가장 필요한 것이 있다면 그것은 나에게 영향을 주는 모든 분들에게 은혜를 입는 것입니다. 그리고 더 나아가 우리 삶의 주관자이신 하나님의 전적인 은혜를 경험하며 은혜를 누리는 것입니다.

저는 예수님을 제대로 만난 후부터 단 한 번도 저의 미래가 부정적일 것이라고 생각해 본 적이 없습니다. 약간의 고난을 경험할 수 있겠지만 그것은 잠시 지나는 것이며, 궁극적으로는 반드시 잘 될 수밖에 없는 존재라는 인식이 뼛속 깊이 믿어지며 그렇게 느껴집니다. 예수님께서 제게 베푸시는 은혜가 크기 때문입니다. 그 은혜가 아침마다 날마다 새롭기 때문에 저 자신과 저희 가정과 제가 속한 교회와 공동체 모두가 더 잘될 것이라고 확신하며, 실제로도 잘되어 가고 있습니다.

"여호와의 인자와 긍휼이 무궁하시므로 우리가 진멸되지 아니함이니이다 이것들이 아침마다 새로우니 주의 성실하심이 크시도소이다"(애 3:22-23).

아침 햇살처럼 매일매일 내리는 그 은혜가 심히 크기 때문에 우리는 절대 진멸되거나 망하거나 없어지지 않습니다. 그리고 모든 것을 합력하여 선을 이루시는 하나님의 은혜로 우리는 우리가 기대할 수 없었던, 우리가 도저히 상상할 수 없었던 모습으로 바꾸시고 만들어 가시는 하나님을 경험하게 되는 것입니다.

하나님의 은혜는 이 땅에 사는 동안에만 해당되는 것이 아닙니다. 우리를 위해 영원한 생명과 천국을 주시어 하나님과 더불어 영원히 행복하게 살 수 있도록 그 길을 만들어 놓고 기다리고 계십니다. 하나님 앞에서 은혜를 입으며 살아야 합니다. 그리고 받은 은혜를 다른 사람들에게 나누어 주며 살아야 합니다. 그러면 환경이나 나의 연약함이나 그 어떤 것들도 우리의 행복을 침범하지 못할 것입니다. 이 땅에 사는 동안 가장 행복한 사람은 예수님을 믿어 하나님의 은혜를 풍성하게 누리는 사람입니다.

Be Happy & Make Happiness

이제 이야기를 마무리해야 할 때가 된 것 같습니다. 행복하십시오. 하나님의 소원은 당신이 예수님을 통해 잃어버렸던 행복을 찾고 그 행복을 누리는 것입니다. 당신과 관련된 모든 곳이 행복하도록 행복을 만들어 가십시오. 이것이 그리스도인의 삶입니다. 그러나 이것은 안다고 되는 것이 아닙니다. 철이 용광로를 지나 단련되는 것처럼 하나님께서 주신 말씀으로 훈련하는 과정을 반드시 거쳐야 합니다.

아직도 이 땅에는 죄로 인해 상처받은 곳이 너무 많습니다. 존중받고 소중히 여김을 받아야 할 가정에서조차 소중히 여김을 받지 못한 채 살아온 사람들이 많습니다. 예수님께서 나를 치료하시고 훈련시키시고 믿음의 분량을 넓혀 주셨듯이, 이들을 고치고 회복시켜 주님께서 주시고자 준비하신 영생의 복과 이 땅의 복들을 누리기를 소망합니다. 우리 인생은 그리 길지 않습니다. 누군가보다 조금 더 머물 수 있을지는 모르지만, 모두 다 주님 앞에 서야 할 그 날이 옵니다.

우리의 완전한 행복은 주님을 만나는 그날 온전해질 것입니다. 예수님께서 우리의 행복을 위해 눈물도 없고, 고통도 없는 참된 행복이 가득한 천국을 준비해 두고 우리를 맞아 주실 것입니다. 또한 하나님께서는 짧게 지나가는 인생이라 하더라도 이 순간을 행복하게 살기 원하십니다. 행복하려면 예수님을 믿어야 합니다. 그리고 제대로 믿어야 합니다. 인생의 모든 문제에 대한 답은 예수님께 있기 때문입니다.

예수님을 아직 알지 못한다면 예수님을 영접하는 은혜가 있기를 바랍니다. 예수님을 믿기로 작정하신 분이라면 더 확실하게, 그리고 제대로 믿기에 힘쓰시기 바랍니다. 그리고 예수님을 이미 영접하신 분들이라면 자신의 인생이 아낌없이 사용될 수 있도록 말씀과 기도의 훈련을 계속하여 성숙해지시길 당부드립니다.

믿음의 장성한 분량에 이르게 되면 고민하는 문제의 차원도 달라집니다. 예전에는 크다고만 느꼈던 고난의 문제도 아주 작게 여겨질 것입니다. 그리고 세상 사람들과는 전혀 다른 행복을 추구하게 됩니다. 행복의 차원도 달라집니다. 예수님께서 허락하신 더 깊은 행복의 세계로 나아가기를 소망합니다. 하나님께서는 우리의 행복을 원하십니다.

"그가 사모하는 영혼에게 만족을 주시며 주린 영혼에게 좋은 것으로 채워 주심이로다"(시 107:9).

주

1) 데이비드 아일랜드(David Ireland), 행복 살다(*Secrets of a Satisfying Life*) (서울: 생명의말씀사, 2007), p. 182.

2) 존 트렌드(John Trent), 축복의 언어(*The Blessing*) (서울: 프리셉트, 2009), p. 251.

3) 연합신문, 2009년 9월 14일자 기사.

4) 데이비드 & 낸시 거스리(David & Nancy Guthrie), 상실의 아픔을 딛고 서다(*When Your Family's Lost a Loved One*) (서울: 사랑플러스, 2009), p. 98.

5) 조지 베일런트(George E. Vaillant), 행복의 조건(*Aging Well*) (서울: 프런티어, 2010), pp. 10-14.

6) 소냐 류보머스키(Sonja Lyubomirsky), How to be happy : 행복도 연습이 필요하다(*The How of Happiness*) (서울: 지식노마드, 2008), p. 34.

7) 웨인 슈미트(Wayne Schmidt), 지혜로운 생테크 이렇게 하라(*Soul Management*) (서울: 프리셉트, 1997), p. 164.

8) Ibid., pp. 152-157.

9) 존 파이퍼(John Piper), 존 파이퍼의 거듭남(*Finally Alive*) (서울: 두란노, 2009), p. 16.

10) 데이비드 아일랜드, ibid., p. 57.

생명의말씀사

사 | 명 | 선 | 언 | 문

> 너희가 흠이 없고 순전하여……세상에서 그들 가운데 빛들로
> 나타내며 생명의 말씀을 밝혀 (빌 2:15-16)

1. 생명을 담겠습니다.
만드는 책에 주님 주신 생명을 담겠습니다.
그 책으로 복음을 선포하겠습니다.

2. 말씀을 밝히겠습니다.
생명의 근본은 말씀입니다.
말씀을 밝혀 성도와 교회의 성장을 돕겠습니다.

3. 빛이 되겠습니다.
시대와 영혼의 어두움을 밝혀 주님 앞으로 이끄는
빛이 되는 책을 만들겠습니다.

4. 순전히 행하겠습니다.
책을 만들고 전하는 일과 경영하는 일에 부끄러움이 없는
정직함으로 행하겠습니다.

5. 끝까지 전파하겠습니다.
모든 사람에게, 땅 끝까지, 주님 오시는 그날까지
복음을 전하는 사명을 다하겠습니다.

생명의말씀사 서점안내

광화문점 110-061 종로구 신문로1가 58-1 구세군 회관 2층
　　　　　TEL.(02)737-2288 / FAX.(02)737-4623
강 남 점 137-909 서초구 잠원동 75-19 반포쇼핑타운 3동 2층 전관
　　　　　TEL.(02)595-1211 / FAX.(02)595-3549
구 로 점 152-880 구로구 구로 3동 1123-1 3층
　　　　　TEL.(02)858-8744 / FAX.(02)838-0653
노 원 점 139-200 노원구 상계동 749-4 삼봉빌딩 지하1층
　　　　　TEL.(02)938-7979 / FAX.(02)3391-6169
분 당 점 463-824 경기도 성남시 분당구 서현동 273-1 대현빌딩 3층
　　　　　TEL.(031)707-5566 / FAX.(031)707-4999
신 촌 점 121-806 마포구 노고산동 107-1 동인빌딩 8층
　　　　　TEL.(02)702-1411 / FAX.(02)702-1131
일 산 점 411-370 경기도 고양시 일산구 주엽동 83번지 레이크타운 지하 1층
　　　　　TEL.(031)916-8787 / FAX.(031)916-8788
의정부점 484-010 경기도 의정부시 금오동 470-4 성산타워 3층
　　　　　TEL.(031)845-0600 / FAX.(031)852-6930

인터넷서점
http://www.lifebook.co.kr